이야기로
만나는
복음

이야기로 만나는 복음

구약에 나타난 복음

글 문기태 / 그림 엄혜숙

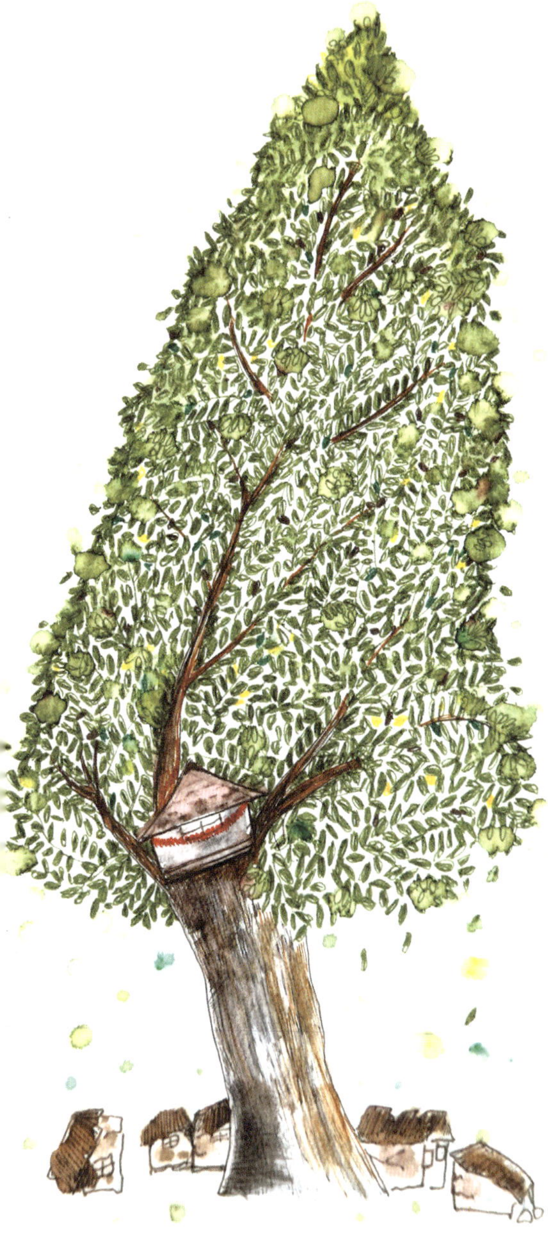

요단
JORDAN PRESS

추·천·의·글

문기태 목사님의 책을 추천하게 된 것을 기쁘게 생각합니다. 문 목사님은 열정의 사람입니다. 특별히 글을 쓰는 열정은 다시 저의 심장을 뜨겁게 만듭니다.

특별히 문목사님에게는 진리의 말씀을 누구나 쉽게 이해할 수 있도록 이야기로 풀어가는 지혜를 주셨습니다. 책을 접하는 모든 분들이 하나님의 진리를 이해하고, 하나님의 사랑을 경험하게 될 수 있을 것입니다.

정말 필요한 때에 좋은 책이 나온 것을 기뻐하지 않을 수 없습니다. 많은 분들이 이 책을 통해 인생과 믿음을 제대로 이해하며, 복음 안에서 멋진 인생을 살아가기를 소원합니다.

성광교회 **유관재 목사**

설교에 있어서 꼭 필요한 두 가지 요소가 있는데 그것은 정확성과 연관성이다.

정확성은 '설교의 내용이 과연 성경이 말하는 진리에 근거하고 있는가' 하는 것이고,
연관성은 그 설교가 과연 청중과 연관이 있는가 하는 것이다.
이번에 문기태 목사님이 발간한 '이야기로 만나는 복음'은 이 두 가지 요소를 모두 충족시킨다.
이야기는 인류 문명이래 지금까지 늘 모든 사람들의 마음을 움직여 왔다.
구약은 쉬운 책이 아니다.
그럼에도 불구하고 이 책은 구약에 담긴 복음의 진리를 정확하게 그리고 너무나 쉽고도 흥미로운 이야기로 풀어내고 있다.
주일학교부터 장년에 이르기까지 일독을 권하고 싶다.

부산 영안교회 **박정근 목사**

문기태목사님의 그 동안의 목회가 "이야기복음"으로 아름답게 나타나는 주님과의 동행을 표현하였음을 보게 됩니다. 역사의 인물들, 성경의 인물들을 동화 같은 이야기가 복음을 만나 현실감 있게 주님의 손길로 우리에게 다가옵니다. 때로는 감동으로, 때로는 회개로, 때로는 결단으로 다가옵니다. 제목 하나 하나가 얼마나 친근감이 있는지 문목사님의 순수함과 주님과의 동행이 기쁨과 행복으로 열매를 맺습니다. 단숨에 읽혀지는 이야기복음 참으로 행복하였습니다.

하남 성안교회 **장학봉 목사**

문기태 목사는 글을 쓰는 은사가 있어서 이야기복음이 열매로 맺어지는 것 같습니다. 누가 읽어보아도 흥미로운 하나님의 사랑이야기를 모든 민족의 사람들에게 재미있고 쉽게 이야기합니다.
내가 먼저 읽고 감동을 받아서 감사한 마음으로 여러분들에게 추천의 글을 드립니다.
읽어보시는 모든 분들에게 하나님의 사랑의 복음이 전해지길 기원합니다.

전 침례신학대학교 총장 **이정희 목사**

문기태목사님의 책 이야기 복음은 읽다 보면 부담 없이 슬며시 우리 곁에 다가와 어느새 "어~ 그런가?" 하는 잔잔한 하나님이 주시는 감동을 선물처럼 주고 있습니다. 누구나 쉽게 복음에 접근하게 합니다. 책 제목처럼 이야기로 친근하게 다가오는 말씀이 깊은 하나님의 사랑을 보게 합니다.

부천 성만교회 **이찬용 목사**

문기태목사님의 두 번째 작품 이야기복음을 통해서 많은 그리스도인들과 비 그리스도인들이 더 확실한 믿음이 자라나길 소원합니다.
이야기 복음은 문 목사님의 성품을 그대로 표현한 것 같습니다. 말씀을 통해서 현실에서 있는 그림으로 마음에 그려지게 되고 하나님을 느끼며 나를 보게 되고 그리스도인으로써의 삶을 살게 하는 능력과 행복을 줍니다. 세상

속에서 그리고 성경 속에서 인물을 대조하며 깊은 곳까지 역사하는 하나님을 보게 됩니다. 이야기복음을 통해서 역사하시는 하나님의 은혜를 누리시길 소망합니다.

창원 기쁨의 교회 **노완우 목사**

예수님은 스토리텔링의 대가이다. 왜냐하면 예수님은 일반 대중들의 눈높이에 맞게 늘 '이야기-비유'로 말씀하시어 청중들이 쉽게 복음을 받아들일 수 있도록 했기 때문이다. 사실 성경은 이야기가 75%, 시(詩)가 15%, 생각이 10%로 구성되어 있어서 이야기로 복음을 전하는 것이 수신자에 대한 배려이다. 이번에 문기태 목사님이 출판한 「이야기로 만나는 복음」은 누구나 어렵게 여기는 구약을 25가지 이야기로 쉽게 이해할 수 있도록 해주어 목회자나 평신도나 선교사나 신학생 누구에게나 일독을 권하며 강추한다.

침례신학대학교 **안희열 교수**(선교학)

감·사·의·글

몇 년 전에 아프리카 세네갈에서 이야기 전도를 강의할 기회가 있었습니다.

그때 세네갈 침례교회 총회장인 윌리암 깔라모 목사님이 이야기를 좋아하는 아프리카 사람들에게 이야기 복음이 딱 맞는다고 하며 무슬림들도 성경으로 인정하는 구약에서 복음을 찾아 구약 편 이야기 복음도 써 달라는 요청을 하였습니다.

시간이 지날수록 그 말이 지워지지 않고 점점 사명처럼 다가와 용기를 내서 구약 성경에 담긴 복음을 찾기 시작했습니다. 그러자 구약성경에는 생각하고 있던 것보다 훨씬 많은 복음이 숨겨져 있었고, 보물찾기를 하듯 하나하나 발견하는 기쁨이 컸습니다.

부족한 글이 모쪼록 많은 사람들에게 복음을 명확하게 드러내어 그리스도를 만나게 도와주고 믿음의 진보를 이루는 일에 보탬이 되기를 기대합니다.

투박하고 미숙한 원고를 꼼꼼히 읽고 수 차례에 걸쳐 교정하고 다듬어 준 묵상 나눔을 하는 친구들께 감사합니다.
또한 이야기 복음의 이미지를 그림을 통해 생생하게 잘 살려낸 엄혜숙 화백께도 감사를 표합니다.
집필과정에 끝없는 응원을 보내준 사랑하는 아내와 가족들, 그리고 기도로 큰 힘을 보태준 창원침례교회 지체들께 감사합니다.
격려와 칭찬으로 큰 용기를 주신 큰 스승 침례신학대학교 전 총장 이정희목사님께 감사를 드립니다.

처음부터 영감을 주시고 모든 과정을 선하게 인도해 주신 좋으신 하나님께 감사와 찬양을 드립니다.

비음산 자락에서 **문 기 태**

목차

01. 춤추는 임금님 …… 12
02. 빨간 동아줄 …… 20
03. 갈림길 …… 28
04. 사랑 때문에 …… 36
05. 도움의 돌 …… 44
06. 산으로 간 배 …… 52
07. 자유를 찾아서 …… 60
08. 나무정수기 …… 68
09. 희생양 …… 76
10. 병 고치는 강 …… 84
11. 시선 교정 …… 92
12. 광야의 식탁 …… 100

13. 하나님의 타이밍 …… 108
14. 타작마당의 은혜 …… 116
15. 승리를 안겨준 이름 …… 124
16. 인생 네비게이션 …… 132
17. 금수저와 흙수저 …… 140
18. 새 언약 백성 …… 148
19. 사랑의 배신 …… 156
20. 상처 입은 치유자 …… 164
21. 하나님의 대리자 …… 172
22. 극상품 인생 …… 180
23. 나루터의 씨름 …… 188
24. 바다의 도망자 …… 196
25. 절망의 끝자락 …… 204

춤추는 임금님

다윗이 이스라엘 온 무리를 예루살렘으로 모으고
여호와의 궤를 그 마련한 곳으로 메어 올리고자 하여
(역대상 15장 3절)

캐나다 온타리오에 있는 초등학교에서 있었던 일입니다. 이 학교에서 성탄절 연극을 준비하게 되었습니다.

정서 장애가 있는 4학년 랄프도 연극에 참여하고 싶어합니다. 말도 더듬고 생각도 민첩하지 못한 랄프에게 선생님은 용기를 주려고 가장 쉬운 배역 하나를 맡겨 줍니다.

여관 주인 역할인데, 요셉이 임신한 마리아를 데리고 여관 문을 두드릴 때, 나와서, '빈방 없어요.' 하면 됩니다.

'랄프도 이 정도는 할 수 있겠지.' 하고 선생님이 열심히 연극 연습을 시켰습니다. '빈방 없어요.' 라는 한마디를 수없이 연습시킵니다.

성탄절이 되어 연극이 시작되었습니다.

요셉이 마리아를 데리고 여관 앞에 도착해서 문을 두드립니다.

Gospel Through Stories

여관 주인 랄프가 나와서 또박또박 연습한 대로 말합니다.

"빈방 없어요."

그러나 요셉과 마리아는 가지 않고 매달립니다.

"큰일 났어요! 이 사람이 곧 아기를 낳을 것 같아요. 제발 방 좀 주세요."

"빈방 없어요."

"이렇게 추운 날, 곧 아기가 나올 것 같은데, 어디로 가란 말입니까?"

그러자 랄프는 눈물을 글썽이며 큰 소리로 말합니다.

"그러면요. 제 방으로 들어오세요."

연극은 엉망이 되고 말았습니다. 그러나 사람들은 큰 감동을 안고 돌아갔습니다.

랄프가 아기 예수를 임신한 마리아를 자기 방으로 초대한 것처럼 하나님을 궁궐로 초대한 왕이 있었습니다.

다윗은 이스라엘의 왕이 된 후에 하나님을 더 잘 섬기고 싶어졌습니다.

"여봐라. 하나님이 조상들에게 주신 언약궤가 어디 있는지 알아보아라."

"폐하! 언약궤는 블레셋에 빼앗겼다가 돌아와 지금 실로에 있습니다."

"그 언약궤를 예루살렘으로 옮겨 오도록 하자."

다윗 왕이 직접 실로로 내려갑니다. 새로 만든 화려한 수레에 제사장 웃사와 아히오를 시켜 언약궤를 싣고 예루살렘으로 올라옵니다.

이 때 갑자기 소들이 놀라 뛰면서 수레에 실었던 언약궤가 땅에 떨어지려고 합니다. 그러자 제사장 웃사가 엉겁결에 손으로 언약궤를 붙잡습니다.

그런데 손으로 언약궤를 붙잡았던 웃사가 그 자리에서 죽습니다.

이 일에 충격을 받은 다윗은 언약궤를 근처에 살고 있던 오벧에돔의 집으로 옮기게 하고 예루살렘으로 돌아옵니다.

'하나님을 모시는 일은 몹시 무서운 일이구나!'

몇 달 후에 신기한 소식이 들립니다.

"폐하! 언약궤를 집에 모신 오벧에돔이 하나님께 큰 복을 받았다고 합니다."

'내가 언약궤를 모셔올 때는 사람이 죽었는데, 오벧에돔은 언약궤를 모시고 어떻게 복을 받았을까?'

다윗은 율법 책을 읽으면서 무엇이 잘못되었는가를 깨닫습니다.
'아하, 언약궤는 짐짝처럼 수레에 싣는 게 아니라 하나님을 경외하는 마음으로 제사장들이 어깨에 메고 옮기라고 하셨구나! 그럼 그렇지, 하나님을 바로 모시면 왜 저주가 임하겠어?'
"여봐라! 언약궤를 다시 왕궁으로 메어 오도록 하자."

다윗은 직접 오벧에돔의 집으로 내려가서 언약궤를 모시고 옵니다.
이번에는 제사장들이 언약궤를 어깨에 메고 하나님을 경외하는 마음으로 모셔옵니다.
언약궤가 아무 사고 없이 예루살렘으로 향하는 모습을 보고 다윗 왕은 맨 앞에서 기쁨으로 춤을 추며 하나님을 찬양하는 노래를 부릅니다.
체면이나 위신 같은 것은 다 잊어버리고 예루살렘 성으로 오는 내내 춤추기를 멈추지 않습니다.

이번에는 무사히 왕궁에 쳐 놓은 장막 안에 언약궤를 모시게 되었습니다.

언약궤를 다윗 성으로 옮겨온 후에 다윗은 어마어마한 복을 받습니다.
다윗이 어느 나라와 전쟁을 하든지 하나님이 이기게 하십니다.
다윗은 나라를 잘 다스려 국민들에게 존경을 받게 되고 이스라엘은 크게 번영하고 평화롭게 됩니다.

오늘날 다윗 시대에 존재했던 언약궤는 없습니다.
그렇지만 언약궤 대신 하나님의 아들이 직접 세상에 오셨습니다.
누구든지 다윗이 언약궤를 왕궁에 모셔온 것처럼 하나님의 아들 예수님을 마음에 모시는 사람은 하나님께서 자녀로 삼으시고 다윗에게 허락하셨던 좋은 복을 많이 주십니다.

믿음은 하나님을 멀찍이 따르지 않고 내 안에 모시고 함께 살아가는 것입니다.

Gospel Through Stories

다윗이 이스라엘 온 무리를 예루살렘으로 모으고
여호와의 궤를 그 마련한 곳으로 메어 올리고자 하여

· · · ·

역대상 15장 3절

빨간 동아줄

우리가 이 땅에 들어올 때에 우리를 달아 내린 창문에 이 붉은 줄을 매고
네 부모와 형제와 네 아버지의 가족을 다 네 집에 모으라.
(여호수아 2장 18절)

　　　　　　　　미국 오하이오주에 농장을 경영하는 테일러라는 사람이 있었습니다.
　어느 날 한 청년이 찾아와 일하게 해 달라고 간청하여 일꾼으로 받아 줍니다.
　제임스라는 이 청년은 건초 저장 창고에서 잠을 자면서 열심히 일을 합니다.
　제임스는 사람이 건장하고 인품이 정직하였습니다.
　주인집 딸이 그 청년을 사랑하여 둘은 서로 사랑하는 사이가 됩니다.

　테일러가 이 사실을 알게 되어 딸을 설득하지만 딸은 마음을 바꾸지 않습니다.

Gospel Through Stories

'불쌍해서 도와주었더니, 내 딸과 연애를 해?'
테일러는 화가 나서 그 청년을 쫓아 버립니다.

그 후 30년의 세월이 흘렀습니다.
테일러는 건초 창고를 청소하다가 기둥에 아주 오래 전에 새긴 글씨를 발견합니다.
'제임스 가필드'
바로 30년 전에 일꾼으로 받아준 청년의 이름입니다.
'제임스 가필드(James Abram Garfield)'는 당시 미국의 대통령입니다.
테일러는 대통령을 사위로 맞을 수 있는 좋은 기회를 놓친 것입니다.

사람들은 좋은 기회를 만나지만 놓치고 마는 경우가 많습니다.
부자가 될 기회, 성공할 기회, 사랑할 기회, 행복하게 살 기회... 등 절호의 기회를 놓치고 후회하는 경우가 많습니다.

성경에도 기회에 관한 이야기가 있습니다.

여리고 성에 사는 라합은 어느 날 동네 사람들이 하는 이야기를 듣습니다.

"하나님이 이스라엘 사람들을 이집트에서 해방시켜 홍해바다를 가르고 건너게 해 주셨다네."

"뿐만 아니라, 하나님이 이스라엘 사람들에게 만나라는 신기한 양식을 내려주시고 광야에서 반석을 가르고 생수가 솟아나게 하셨다네요."

"방탕함이 극에 달한 우리 죄를 하나님이 심판하시고 이 땅을 이스라엘 사람들에게 주신다고 하셨다는데..."

라합은 사람들의 이야기를 들으며 하나님에 대해 생각합니다.
'하나님은 위대하신 분이구나! 하나님을 사랑하고 순종해야 복을 받는구나!'

어느 날 라합에게 낯선 사람들이 찾아옵니다.
"우리는 이스라엘 사람들인데 군인들에게 쫓기고 있어요. 제발 우릴 숨겨주세요."

그때 라합은 '하나님께서 이분들을 나에게 보내셨구나! 내가 하나님의 편에 설 수 있는 좋은 기회가 왔다.' 하고 생각합니다.

"안심하고 들어오세요. 지붕에 널어 놓은 삼대 아래에 숨어 계시면 안전합니다."

잠시 후 여리고 왕이 보낸 군인들이 들이 닥쳤습니다.
"이 집에 수상한 자들이 들어 왔지? 그들이 어디 있느냐?"
"그들이 왔었는데, '성문이 닫히기 전에 떠나자!' 하면서 이내 갔어요. 서둘러 쫓아가면 붙잡을 수 있을 거예요."
라합은 하나님의 편에 서려고 목숨을 걸고 정탐꾼들을 보호합니다.

정탐꾼들은 여리고 성을 떠나며 라합에게 약속합니다.
"전투가 벌어지면 우리를 달아 내린 이 창문에 붉은 줄을 매달고 가족들을 집 안에만 있게 하세요. 곧 여리고 성은 멸망합니다. 하지만 이 약속을 믿고 창에 붉은 줄을 매달면 이 집은 보호받습니다."

라합이 창문에 매단 붉은 줄은 여리고 성이 함락될 때 하나님께 속한 집이라는 증거가 되어 라합과 그녀의 가족들을 모두 살립니다.

이스라엘 군대가 여리고 주민들을 모두 멸망시킬 때, 붉은 줄을 보고 라합의 집은 보호해 주게 됩니다.

이스라엘 백성들이 나팔을 불고 함성을 지를 때 하나님이 여리고 성벽을 무너뜨립니다. 성벽 위에 있는 모든 집들도 무너져 내립니다.
그렇지만 붉은 줄을 매단 라합의 집은 성벽 위에 있었지만 하나님이 안전하게 보호하십니다.

그 후에 라합은 비천한 삶을 끝내고 자기가 숨겨준 정탐꾼이었던 사람과 결혼합니다. 자녀를 낳고 예수님의 족보에 당당하게 이름을 올리게 됩니다.
기생 출신의 여인이 믿음을 드러내고 최고의 명문 가문을 이루게 됩니다.

정탐꾼을 영접한 라합처럼 우리에게 찾아오신 예수님을 모셔 들이고 사랑하면 예수님이 흘리신 붉은 피가 증거가 되어 멸망 당하지 않고 구원 받습니다.

믿음은 하나님을 모실 기회를 놓치지 않고 하나님의 약속을 믿으며 적극적으로 하나님의 편에 서는 것입니다.

우리가 이 땅에 들어올 때에 우리를 달아 내린 창문에 이 붉은 줄을 매고 네 부모와 형제와 네 아버지의 가족을 다 네 집에 모으라

여호수아 2장 18절

갈림길

여호와께서 아브람에게 이르시되 너는 너의 고향과 친척과
아버지의 집을 떠나 내가 네게 보여 줄 땅으로 가라.
내가 너로 큰 민족을 이루고 네게 복을 주어
네 이름을 창대하게 하리니 너는 복이 될지라.
(창세기 12장 1,2절)

　　　　　　북아메리카대륙의 서북쪽에 있는 알래스카 주는 원래 러시아의 땅이었습니다.
　러시아는 알래스카를 가치가 없는 땅으로 여겨서 1867년에 미국에 720만 달러를 받고 팔아 넘겼습니다.

　미국이 720만 달러를 주고 알래스카를 산 지 13년 만에 알래스카에서는 무려 3억 달러 상당의 금이 발견되었습니다.
　또 금 못지 않게 귀중한 석유가 그 땅 밑에 아주 많이 매장되어 있었습니다. 알래스카는 여러 면에서 아주 귀한 가치가 있는 보배로운 땅입니다.

러시아 사람들은 땅 속에 묻혀 있는 엄청난 보화를 보지 못하고, 눈이 쌓여서 경작할 수 없는 겉모습만 보고 아주 헐값에 미국에 팔아버렸습니다.

하지만 미국의 윌리암 스워드(William Seward) 국무장관은 알래스카의 가치를 알아보았습니다.
기회를 놓치지 않고 많은 반대를 무릅 쓰며 큰 보물덩어리 알래스카를 사들입니다.

러시아처럼 겉모습만 보고 감춰진 보화를 알아보지 못하여 귀한 것을 헐값으로 내주는 일이 많습니다.

그런데 값진 보화를 알아보고 결단한 현명한 사람의 이야기가 성경에 있습니다.

어느 날 하란 땅에 살고 있는 아브라함에게 하나님이 찾아오십니다.
평범하게 살고 있는 아브라함을 하나님은 복된 계획 속으로 초대하십니다.

"너는 네가 살고 있는 땅과, 네가 난 곳과, 너의 아버지의 집을 떠나서, 내가 보여 주는 땅으로 가거라. 창세기 12장 1절"

본래 아브라함의 고향은 갈대아 우르입니다. 아브라함은 아버지 데라와 함께 우르를 떠나서 가나안으로 가다가 하란에 눌러 앉아 살고 있었습니다.

그런데 하나님이 다시 아브라함을 부르시고 약속의 땅으로 떠나라고 하십니다.

아브라함은 즉시 순종하여 하란을 떠나 약속의 땅 가나안에 들어갑니다.

순종한 아브라함을 하나님이 몹시 기뻐하시고 어마어마한 복을 주십니다.

아브라함의 아버지 데라도 갈대아 우르를 떠나 가나안으로 향하는 믿음의 여행을 시작했었습니다. 창세기 11장 31절

그렇지만 데라는 가나안 땅에 들어가지 않고 하란에서 멈춥니다.

하나님은 데라를 가나안으로 인도하여 큰 복을 주며 그를 통해 새로운 나라를 세우려고 하셨습니다.

그런데 데라가 하란에 도착해서 둘러보니, 물도 풍부하고, 가축들에게 먹일 풀도 충분했습니다.

'꼭 가나안까지 고생하며 갈 필요 있겠어? 여기에 정착하여 목축을 해도 큰 부자가 될 텐데..'

데라는 하란에 눌러 앉아 살다가 거기서 죽습니다.

하지만 하나님이 지시하신 땅은 하란이 아니고 가나안입니다.

데라와는 달리 아브라함은 하나님의 부르심에 순종하여 고향과 친척과 아버지의 집을 떠나서 하나님이 보여 주시는 가나안 땅으로 갔습니다.

끝까지 순종한 아브라함은 믿음의 조상이 됩니다.

아브라함은 하나님께 사랑을 받고 좋은 복을 넘치게 받습니다.

그의 후손 가운데서 메시아가 나오고, 수많은 사람들이 그를 믿어 구원받게 됩니다.

아브라함은 만민에게 복이 흘러가게 하는 복의 통로가 되었습니다.

하나님은 오늘날도 복을 주시려고 사람들을 부르십니다.

아브라함처럼 복의 통로로 삼으려고 하나님의 백성으로 부르십니다.

운명의 갈림길에서 부르시는 하나님의 음성에 믿음으로 반응하여 첫 걸음을 떼어 놓으면 복을 받기 시작합니다.

하나님의 인도를 받으며 끝까지 순종하면 약속의 땅에 들어갑니다.

하나님의 부르심에 순종하면 하늘 복을 누리고 살며 축복의 통로가 됩니다. 하나님께 사랑을 받고 존귀하게 됩니다.

믿음은 하나님의 부르심에 응답하여 새로운 출발을 하는 것입니다.

Gospel Through Stories

여호와께서 아브람에게 이르시되 너는 너의 고향과 친척과
아버지의 집을 떠나 내가 네게 보여 줄 땅으로 가라.
내가 너로 큰 민족을 이루고 네게 복을 주어
네 이름을 창대하게 하리니 너는 복이 될지라
. . . .
창세기 12장 1,2절

사랑 때문에

네가 네 아들 네 독자까지도 내게 아끼지 아니하였으니
내가 이제야 네가 하나님을 경외하는 줄을 아노라
(창세기 22장 12절)

중세 영국 남부의 코벤트리 성에는 레프릭이라는 영주가 있었습니다. 레프릭은 그의 영지에 사는 주민들에게 가혹한 세금을 거두었습니다.

영주의 아내 고다이바(Lady Godiva)는 과도한 세금으로 고통 받는 주민들을 안타깝게 여겨 어느 날 남편에게 간청합니다.

"주민들이 무거운 세금으로 너무 힘들어 해요. 세금을 줄여 주세요."

"절대 세금을 줄여줄 수 없소."

거절당해도 포기하지 않고 세금 감면을 간청하는 고다이바 부인에게 레프릭은 수락하기 어려운 제안을 합니다.

"부인이 벗은 몸으로 말을 타고 마을을 한 바퀴 돌아온다면 생각해 보겠소."

귀족 부인이 벌거벗은 몸을 서민들에게 보여 주는 것은 수치스럽기 짝이 없는 것입니다. 도저히 수락할 수 없는 제안을 함으로써 더 이상 세금 감면을 요청하지 못하도록 간악한 꾀를 낸 것입니다.

고심 끝에 고다이바 부인은 그 제안을 받아들이기로 결심합니다.
다음 날 고다이바 부인은 나체로 말을 타고 조용히 성 안을 돕니다. 그런데 성 안에서 한 사람도 만나지 못합니다.
고다이바 부인이 백성들을 위해 자신을 희생하기로 결심한 것을 알고, 주민들이 창문을 검은 커튼으로 가리고, 아무도 집 밖으로 나오지 않았기 때문입니다.

레프릭은 큰 충격을 받아 세금을 감면해 주고 새롭게 변화되었습니다.
고다이바 부인은 코벤트리 사람들에게 크게 존경을 받게 되었고, 그녀의 희생적인 사랑은 코벤트리 지방뿐 아니라 널리, 지금까지도 전해지고 있습니다.
희생적인 사랑은 모든 사람에게 감동을 안겨줍니다. 그런데 세상에서 가장 감동적인 희생의 이야기는 성경에서 발견하게 됩니다.

어느 날 하나님께서 아브라함을 찾아 오십니다.
"아브라함아! 모리아 산으로 가서 외아들 이삭을 번제로 바쳐라."

아브라함은 이삭이 태어나기까지 수십 년을 기다렸습니다. 100세에 얻은 자식이니 너무나 사랑스럽습니다. 이삭이 참 대견하고 자랑스럽습니다.
그런데 사랑하는 외아들 이삭을 제물로 바치라니, 기가 막힙니다.

밤새 한숨도 못 잔 아브라함은 굳게 결심하고 아침 일찍 일어나 채비를 합니다.
"이삭아! 하나님께 제사를 드리러 모리아 산으로 가자!"

아버지와 아들은 사흘 길을 걸어서 모리아 산에 도착합니다. 아브라함은 종들을 산 밑에 기다리게 하고 이삭에게 장작을 지게 하여 불과 칼을 들고서 산을 오릅니다.

"아버지! 불과 장작은 있는데, 번제로 바칠 어린 양은 어디에 있습니까?"

"얘야, 번제로 바칠 양은 하나님이 손수 마련하여 주실 것이다."

아버지와 아들은 말없이 걷습니다.
이삭은 아버지가 이번처럼 비장한 얼굴을 하고 사흘 동안 침묵한 모습은 본 적이 없습니다.
'이번 제사의 제물은 바로 나로구나!'

제단 앞에서 아버지가 밧줄을 들고 다가와 이삭의 몸을 묶기 시작합니다.
100세를 넘긴 늙은 아버지가 자신을 묶어 제단 위에 올려 놓도록 이삭은 순종합니다.
이삭은 아버지 아브라함을 전적으로 신뢰하기에 순종합니다.
아브라함 역시 하나님을 신뢰하고 온전히 믿습니다. '내가 하나님께 순종하여 이삭을 번제로 바쳐도 하나님이 죽은 이삭을 반드시 다시 살려 주실 거야.'
아브라함이 제단 위에 누운 이삭을 내리치려고 칼을 높이 들었습니다.

"아브라함아! 아브라함아! 그 아이에게 손 대지 말아라! 네가 외아들까지도 아끼지 아니하였으니, 네가 하나님을 경외하는 줄을 이제 알겠다."

아브라함은 이삭을 자신의 목숨보다 더 사랑합니다. 이삭을 제물로 드리는 것이 아브라함에게는 가장 어려운 일입니다.

'아브라함아! 네가 가장 아끼고 사랑하는 이삭보다 나를 더 사랑하니?'

'그 이삭을 내게 제물로 바칠 수 있겠니?'

하나님은 아브라함이 외아들을 희생제물로 삼는 고통을 잘 아십니다. 하나님도 우리를 구원하시기 위해 외아들 예수 그리스도를 십자가에 희생 제물로 내어 주실 계획을 하셨기 때문입니다.

모리아 산에서 제물이 되어 장작 위에 올려진 이삭은, 우리를 위해 희생 제물이 되신 예수 그리스도의 모형입니다.

하나님은 외아들을 희생시키는 아픔을 감내하며 우리를 사랑하십니다. 사랑하기 때문에 자신의 전부를 다 내어 주십니다.

"내가 너를 정말 사랑한단다. 내 모든 것을 다 내어 주며 너를 사랑한단다. 너도 나를 그렇게 사랑하면 좋겠구나!"

믿음은 하나님의 큰 사랑을 알고 진심으로 하나님을 사랑하는 것입니다.

네가 네 아들 네 독자까지도
내게 아끼지 아니하였으니 내가 이제야
네가 하나님을 경외하는 줄을 아노라

· · · · ·

창세기 22장 12절

도움의 돌

사무엘이 돌을 취하여 미스바와 센 사이에 세워 이르되
여호와께서 여기까지 우리를 도우셨다 하고
그 이름을 에벤에셀이라 하니라
(사무엘상 7장 12절)

      1953년 5월 29일 11시 반, 영국의 산악인 에드먼드 힐러리(Edmund Hillary)는 에베레스트 산의 정상에 우뚝 섰습니다. 인류 최초로 지구의 최고봉 에베레스트 정복이었습니다. 그로 인해 힐러리는 모든 산악인의 영웅이 되었습니다.

  힐러리가 훗날 오랫동안 침묵했던 당시의 진실을 밝힙니다.

  "텐징이 정상을 눈앞에 두고 혼자 오르지 않고 뒤에 처진 나를 30분이나 기다렸습니다."

  그렇게 힐러리와 텐징은 동시에 에베레스트 정상에 오르게 됩니다.

  텐징 노르가이는 산악인 안내와 짐꾼 역할을 하는 최고의 셰르파입니다.

  힐러리는 자신이 에베레스트를 정복할 수 있었던 것은 텐징 노르가이 덕분이었다고 밝힌 것입니다.

죽음을 무릅쓰고 동행하여 힐러리에게 큰 도움을 준 텐징은 1986년 사망했으나 힐러리는 텐징의 고마운 도움을 잊을 수 없어서 세르파들을 돕는 일에 남은 생을 쏟아 붓습니다.

인생을 살면서 상황과 환경이 악화되어 혼자 안간힘을 써도 해결되지 않을 때가 있습니다. 좌우를 돌아 보아도 도와주는 이가 아무도 없으면 안타깝습니다.

그런 때, 능력이 많은 사람이 나타나 도와주면 얼마나 좋을까요?

위기의 순간에 큰 도움을 받는 이야기가 성경에는 아주 많습니다.

이스라엘은 블레셋과 전쟁에서 크게 패합니다. 지도자인 홉니와 비느하스도 전사하고 언약궤까지 빼앗깁니다. 성읍도 여럿 빼앗깁니다.

그렇게 어려운 때에 사무엘은 이스라엘의 지도자가 됩니다. 사무엘은 이스라엘 백성들을 미스바로 집결시킵니다.

"여러분, 온전한 마음으로 주님께 돌아오십시오. 우상을 치우고, 마음을 다하여 하나님만을 섬기십시오. 그러면 주님께서 구해 주실 것입니다."

이스라엘 백성들은 미스바에 모여 하나님께 엎드려 울며 참회합니다.

"뭐야? 이스라엘 백성들이 모두 미스바에 모여 울면서 기도만 하고 있다고? 이런 기회는 다시 없다. 지금 총공격하여 이스라엘을 완전히 정복하자."

블레셋 왕은 군대를 이끌고 이스라엘 땅으로 쳐들어 옵니다. 이스라엘 백성들은 놀라고 큰 두려움에 사로잡혀 어쩔 줄을 모릅니다.

"사무엘님! 당신이 우리를 위해 하나님께 기도하여 블레셋 사람의 손에서 우리를 구하여 주십시오."

사무엘이 어린 양을 잡아 하나님께 제물로 드리고 부르짖어 기도합니다.
"하나님! 크신 능력으로 우리를 블레셋 사람들에게서 구원해 주세요."

그러자 하늘이 어두워지고 요란한 천둥 번개가 블레셋 진영으로 떨어집니다.

"우르릉 쾅쾅!"
"우악! 마른 하늘에 왠 날벼락이야!"
블레셋 사람들은 당황하여 우왕좌왕하고 도망가기에 바쁩니다.
이스라엘 사람들은 하나님의 도우심으로 블레셋 군대를 물리치고 크게 승리합니다.

"여러분! 하나님이 우리를 도와 주셔서 우리가 블레셋을 이겼습니다."
사무엘은 큰 돌을 굴려다가 기념비로 세우고 '하나님이 여기까지 우리를 도우셨다.'고 하며 에벤에셀이라고 부릅니다. '도움의 돌'이라는 뜻입니다.

사무엘은 큰 승리를 통하여 자기가 영광을 받을 수도 있는데, 그렇게 하지 않고 하나님을 기념합니다.
백성들이 하나님의 도우심을 오래오래 기억하도록, 그리고 하나님을 신뢰하도록 기념비를 세우고 에벤에셀이라고 부릅니다.

그러자 사무엘이 살아 있는 동안에는 하나님이 블레셋 군대를 막아 주십니다. 하나님의 도우심으로 블레셋 사람에게 빼앗겼던 성읍들도 모두 되찾게 됩니다.

사무엘이 다스리는 동안에는 전쟁이 사라지고 평화가 임합니다.

하나님의 도우심을 받은 사무엘은 위대한 지도자가 되고 유명해집니다.

하나님은 사람들의 연약함을 알고 도와주고 싶어 하십니다. 위기를 만나서 곤란할 때에 도와주려고 하십니다.

자신의 약하고 부족함을 깨닫고 하나님께 도우심을 요청하면 하나님이 기뻐하시며 도와주십니다.

하나님의 도우심을 받고, 도와주신 은혜를 잊지 않고 감사하고 자랑하면 하나님은 계속 도와주십니다.

자신의 힘을 의지하지 않고 겸손히 하나님을 인정하고 도우심을

Gospel Through Stories

구하며 살아가면 일평생 하나님의 도우심을 받으며 살게 됩니다.

　믿음은 자신의 한계를 깨닫고 하나님께 도움을 요청하여 하나님의 능력을 힘입어 살아가는 것입니다.

사무엘이 돌을 취하여 미스바와 센 사이에 세워 이르되
여호와께서 여기까지 우리를 도우셨다 하고
그 이름을 에벤에셀이라 하니라
····
사무엘상 7장 12절

산으로 간 배

그러나 노아는 여호와께 은혜를 입었더라
(창세기 6장 8절)

미국 보스톤에 큰 꿈을 가지고 있는 스트로사라는 청년이 있습니다. 스트로사는 꿈은 있는데 자본이 없어서 큰 부자인 바턴을 찾아갔습니다.

"바턴씨! 저에게는 담보는 없지만 꿈과 용기가 있습니다. 저에게 2,000달러만 빌려주시면 그 은혜를 잊지 않겠습니다."

바턴의 주위에 있는 사람들은 '사업경력이나 보증인도 없는 풋내기 젊은이에게 큰 돈을 꾸어주는 것은 그 돈을 버리는 것이나 다름이 없다.'고 반대합니다.

그러나 바턴은 그 청년의 용기가 마음에 들어 2,000달러를 빌려주었습니다.

얼마 후 그 젊은이는 실업가로 성공하여 약속한 대로 그 돈을 모두 갚습니다.

Gospel Through Stories

그리고 10년이 지납니다. 미국의 경제공황으로 기업들이 도산하고, 실업자들은 거리를 헤매며, 어려움을 견디지 못해 자살하는 사람도 많았습니다.

바턴의 기업도 파산 직전에 놓이게 됩니다. 이 소식을 들은 스트로사는 바턴을 찾아가 바턴이 빚진 75,000달러를 청산해 주겠노라고 제안합니다.

"아니, 자네가 꾸어간 돈은 이미 갚았는데, 무슨 소린가?"
"분명히 빚진 돈 2,000달러는 갚았지만, 당신이 저에게 베풀어 주신 그 은혜는 아직까지 갚지 못했습니다. 그때 빌려주신 2,000달러로 사업을 시작해서 이렇게 큰 부자가 되었으니 지금이 바로 은혜를 갚을 기회라고 생각합니다."

스트로사 덕분에 바턴의 기업은 회생했습니다.

은혜를 베푸는 것은 참 아름답습니다. 은혜를 잊지 않는 것도 아름답습니다.

성경에는 은혜의 이야기로 가득합니다.

노아가 살던 시대에 온 세상은 무법천지였습니다. 사람들은 하나님을 두려워하지 않았고, 세상에는 불의와 불법이 가득하였습니다.

사람들의 더러운 죄가 하나님의 마음을 슬프게 하였습니다.

하나님은 크게 실망하셔서 더 이상 죄의 확산을 막으려고 인류를 심판하기로 하셨습니다. 큰 홍수를 통해 세상을 정화하기로 결정하셨습니다.

그때 하나님은 한 사람을 발견하셨습니다. 모두 불의한 길로 걸어가고, 모두 부패하고 타락하였지만 더러운 죄에 물들지 않고 살아가는 한 사람을 보셨습니다.

"모두가 죄에 빠져 살아서 내 마음을 아프게 하는데, 저 친구가 나를 미소 짓게 하는군. 내가 노아에게는 은혜를 베풀어 주어야지."

노아는 하나님을 사랑하여 하나님과 함께 있는 것을 좋아합니다. 하나님은 그런 노아가 사랑스러워서 은혜를 베풀어 주십니다.

"노아야! 세상이 무법천지가 되었구나! 포악함이 극에 달한 사람들을 내가 홍수로 심판해야겠다. 너는 잣나무로 방주 한 척을 만들어라."

Gospel Through Stories

하나님은 노아에게 방주의 크기, 모양, 재료, 등을 상세히 말씀해 주십니다.

노아는 하나님이 명령하신 대로 방주를 지었습니다.

"아니, 이런 산 속에다 저런 큰 배를 만들어 무엇에 쓰려고 하나?"
"그러게, 노아가 제 정신이 아닌 것 같아. 무슨 큰 홍수가 난다고 저럴까?"

노아는 방주를 짓는 일이 어렵고 힘들었지만 편한 방식으로 멋대로 바꾸지 않았습니다. 하나님이 보여 주신 그대로 방주를 다 만들었습니다.

그러자 하나님이 다시 말씀하십니다.
"너는 가족들을 다 데리고 방주에 들어가거라. 모든 짐승들이 네게 나아올 터이니 종류대로 정결한 것은 일곱 쌍씩, 그 외의 것은 두 쌍씩 들이거라."

노아가 방주에 들어가고 난 후에 사십 일 동안 밤낮으로 비가 내립니다. 큰 홍수가 땅을 뒤덮고 방주는 물 위로 떠오릅니다.

모든 사람이 죽게 되지만 방주에 들어간 노아와 그의 아내, 세 아들과 며느리들은 모두 살아 남습니다.

그렇게 노아와 세 아들을 통해 인류가 다시 시작되고 세상에 퍼져 나갔습니다.

오늘날 세상은 노아가 살던 시대 못지않게 죄로 가득 차 있습니다. 하나님의 무서운 심판을 피하려면 안전한 방주가 있어야 합니다. 하나님은 사람들에게 은혜를 베푸시려고 하십니다. 심판 중에 보호해 줄 구원의 방주를 친히 준비하셨습니다.

그 구원의 방주는 예수 그리스도입니다.

> '홍수가 나서 그들을 다 멸하기까지 깨닫지 못하였으니 인자의 임함도 이와 같으리라.' 마태복음 24장 39절

예수 그리스도 안으로 들어가면 안전합니다. 세상은 죄로 인해 하나님의 심판을 받지만, 그리스도 안에 있으면 멸망 당하지 않고 안전하게 보호받습니다.

믿음은 하나님의 은혜를 깨닫고 그 은혜 안으로 들어가 그 은혜를 힘입어 사는 것입니다.

그러나 노아는 여호와께 은혜를 입었더라
. . . .
창세기 6장 8절

자유를 찾아서

이제 내가 너를 바로에게 보내어 내 백성
이스라엘 자손을 애굽에서 인도하여 내게 하리라
(출애굽기 3장 10절)

　　　　　　히틀러가 통치할 때에 한 그리스도인이 유태인들을 숨겨 주다가 발각되어 수용소에 갑힙니다. 그는 수용소에 갇혀 모든 자유를 박탈당했다고 생각합니다.

　그런데 수용소 안에도 상당히 많은 자유가 있었습니다. 물론 수용소 밖으로 나갈 자유는 없지만 많은 자유를 선택하여 누릴 수 있었습니다.

　아침에 다른 사람보다 조금 더 일찍 일어나는 것도 선택할 수 있습니다.

　부정적인 상상을 하느냐, 긍정적인 상상을 하느냐 하는 자유도 있습니다.

　다른 포로들에게 친절하게 하느냐, 불친절하게 하느냐 하는 것도

Gospel Through Stories

선택할 수 있습니다.

그는 좁은 수용소 안에서 무한한 자유가 있음을 깨닫고 하나님께 감사합니다.

"오, 하나님! 저는 여기서 희망을 선택하겠습니다."

그는 하나님을 신뢰하고 아침이면 일찍 일어나 하나님께 감사 기도를 드리며 면도를 합니다. 하루하루를 새로운 기분으로 시작하기 위해서입니다.

깨진 병 조각으로 면도를 할 때, 피가 나기도 하지만 여전히 콧노래를 부릅니다.

그리고는 동료 포로들을 위로하고 도와주며 복음을 전합니다.

간수들이 가스실로 끌고 갈 자들을 지명하려고 찾아 오지만 이 청년 의사는 매번 지명 대상에서 제외됩니다.

얼굴에 생기가 넘치고 눈이 반짝거리며 삶에 대한 의미와 의욕으로 가득 찬 사람이었기 때문에 차마 가스실로 데려가지 못합니다.

어쩌다가 가스실 앞에까지 끌려갔다가도 다시 반송되어 옵니다.

그는 나치가 항복하고 전쟁이 끝났을 때까지 살아남아서 자유와 생명을 빼앗은 나치의 잔악상을 폭로한 정신과 의사 빅터 프랭클(Viktor Emil Frankl)입니다.

사람은 자유를 잃어버리면 불행해집니다. 누구나 자유를 빼앗기면 비참해집니다.

하나님은 모든 사람에게 자유를 안겨 주고 싶어하십니다.

하나님께서 떨기나무 앞에서 모세를 만나 말씀하십니다.
"나는 너의 조상의 하나님, 곧 아브라함의 하나님, 이삭의 하나님, 야곱의 하나님이다. 이제 너를 바로에게 보내어, 나의 백성 이스라엘 자손을 이집트에서 이끌어 내게 하겠다."
주저하는 모세에게 하나님이 다시 말씀하십니다.
"나는 스스로 있는 자니라. 스스로 있는 자가 나를 너희에게 보내셨다 하라. 이집트에서 고난 받는 너희를 내가 이끌어 내어 젖과 꿀이 흐르는 땅으로 올라가기로 작정하였다."

노예로 고통 당하는 이스라엘 백성을 해방하여 자유를 주려고 하나님은 모세를 보내십니다.

모세는 하나님의 말씀을 바로에게 전하고 하나님의 능력을 나타냈습니다. 하나님의 백성을 보내라는 명령에 불순종하는 바로에게 하나님은 모세를 통해 열 가지 재앙을 내립니다.
결국 바로는 하나님께 항복합니다.
"너희 이스라엘 자손은 어서 일어나 내 백성에게서 떠나가라."

수백 년 동안 이집트에서 노예로 살던 이스라엘 자손은 해방되어 자유인이 됩니다.
하나님이 약속하신 땅에 들어가 자유를 누리며 살아가기 위해 대장정에 오릅니다.
이스라엘 사람들은 수많은 방해가 있었지만 해방되어 자유롭게 됩니다.

하나님이 모세를 보내서 이스라엘 자손들을 이집트의 종살이에서 구해내서 자유롭게 하십니다.

이스라엘 사람들에게 새로운 역사가 시작됩니다. 수많은 사람들의 운명이 종에서 자유인으로 바뀌게 됩니다.

하나님이 모세를 보내어 이스라엘 자손들을 이집트의 노예에서 구해 내 자유인이 되게 하신 것처럼, 악한 사단의 노예로 오랜 세월 시달리고 있는 사람들을 구해 내려고 예수 그리스도를 보내셨습니다.

'아들이 너희를 자유롭게 하면 너희가 참으로 자유로우리라.'
요한복음 8장 36절

하나님이 보내신 예수 그리스도를 믿고 따르면 죄에서 해방됩니다. 악한 사단의 포로에서 벗어납니다.
하나님께서 영원한 자유와 생명을 주십니다.

믿음은 예수를 힘입어 죄의 권세에서 해방되어 자유를 누리며 사는 삶입니다.

Gospel Through Stories

이제 내가 너를 바로에게 보내어
내 백성 이스라엘 자손을
애굽에서 인도하여 내게 하리라

출애굽기 3장 10절

나무 정수기

모세가 여호와께 부르짖었더니
여호와께서 그에게 한 나무를 가리키시니
그가 물에 던지니 물이 달게 되었더라
(출애굽기 15장 25절)

엘레나 파스퀄리(Elena Pasquali)가 지은 '세 나무 이야기'라는 동화가 있습니다.

올리브 나무와 떡갈나무, 소나무가 나란히 자라고 있었습니다. 나무들은 각각 원대한 꿈을 품고 있습니다.

올리브 나무는 화려한 보석 상자가 되어 온갖 보물을 담는 꿈을 꿉니다.

어느 날 나무꾼이 숲에 들어와 올리브 나무를 선택하여 베었습니다. 올리브 나무는 아름다운 보석 상자가 될 기대에 부풀지만, 짐승의 먹이를 담는 더럽고 냄새 나는 구유가 됩니다. 꿈은 산산조각이 났습니다.

떡갈나무도 위대한 왕을 싣고 바다를 건너는 큰 배가 되겠다는 꿈에 부풉니다. 나무꾼이 자신을 베었을 때 흥분을 감추지 못합니다. 그러나 나무꾼이 자신으로 조그만 배를 만들고 있음을 알고 슬픔의 눈물을 흘립니다.

소나무의 유일한 꿈은 언제까지나 높은 곳에 버티고 서서 사람들에게 하나님의 위대한 창조 섭리를 일깨워 주는 것입니다. 그런데 순식간에 번개가 치더니 소나무를 쓰러뜨리면서 그 꿈을 빼앗아 버립니다.

세 나무는 모두 크게 실망합니다. 하지만 하나님은 다른 계획이 있습니다.

세월이 흘러 마리아와 요셉이 아기를 낳을 곳을 찾지 못해 헤매고 있습니다. 그들은 마침내 마구간을 발견하고, 아기 예수가 태어나자 구유에 눕힙니다. 이 구유는 바로 그 올리브 나무로 만든 것입니다.

올리브 나무는 귀중한 보석을 담고 싶었으나, 이 세상에서 가장 귀한 보물인 하나님의 아들을 담게 됩니다.

어느 날 예수님은 호수 건너편으로 건너가기 위해 작고 초라한 배를 선택합니다. 이 배는 그 떡갈나무로 만든 것입니다.

떡갈나무는 위대한 왕을 태우고 싶었으나 하나님은 만왕의 왕을 태우게 합니다.

또 몇 년이 흐릅니다. 소나무는 땔감 신세가 되겠거니 생각했는데, 로마 병사들이 쓰레기 더미에 버려진 소나무를 가져다 십자가 형틀을 만들어 예수님을 매답니다.

소나무는 세상을 구원하는 구세주를 모시는 영광을 입게 됩니다.

하나님은 사람들을 위하여 크고 좋은 계획을 가지고 있습니다. 하지만 사람들은 하나님의 계획을 알지 못하여 미리 실망하고 원망하기를 잘합니다.

이스라엘백성이 이집트를 탈출하여 홍해 바다를 건넙니다. 노래를 지어 부르며 하나님의 위대하심을 찬양합니다. 춤을 추며 감사를 표현합니다.

그런데 그 기쁨은 오래가지 못합니다. 광야로 들어가자마자 식수가 바닥이 납니다. 광야에서 사흘을 걸어가며 물을 찾았으나 마실 물을 찾지 못합니다.

걷고 또 걸어서 마라에 이르렀는데 거기에 오아시스가 있습니다.
"와! 물이다!"
그런데 기쁨은 잠시였습니다. 물이 너무 써서 도저히 마실 수 없습니다. 눈앞에 물이 있어도 써서 마실 수 없으니 맘이 상합니다.
"결국 이렇게 될 줄 알았어. 이제 갈증으로 여기서 모두 쓰러져 죽겠군!"
백성들은 불평하고 원망합니다. 그들의 마음에도 쓴 물이 솟아납니다.

곤란한 상황에서 모세가 하나님께 부르짖습니다.
"하나님! 마실 물이 없어서 백성들이 죽어갑니다. 우리를 불쌍히 여겨 주세요."

하나님이 모세에게 한 나무를 가리키십니다. 모세가 그 나무 가지를 꺾어서 물에 던졌더니, 쓴 물이 맛 좋은 단물로 변합니다. 물 부족이 단번에 해결되었습니다.

이스라엘 백성이 쓴 물을 만났을 때 하나님이 한 나무를 가리키신 것처럼, 오늘날에도 쓴 물을 만나 울부짖는 사람들에게 하나님은 한 나무를 가리키십니다.

예수께서 우리 죄를 위하여 대신 매달려 죽으신 나무 십자가입니다.

인생을 살다 보면 실패할 때가 있습니다. 시험이나 사업에 실패합니다. 연애나 결혼에 실패하기도 합니다.

실패의 좌절을 이기지 못하면 쓴 물이 솟아납니다. 누군가를 원망하고 미워하며 불평을 앞세우면 쓴 물이 계속 솟아납니다.

쓴 물은 모든 좋은 것을 삼켜 버리고 불행하고 비참하게 만듭니다.

쓴 물로 가득 채워진 인생을 향한 하나님의 계획은 예수의 십자가로 쓴 물을 단물로 바꾸어 주는 것입니다.

인생을 살아가며 받은 상처로 쓴 물이 가득한 마음에 예수의 나무 십자가가 잠기면 쓴 물이 단물로 바뀝니다.

십자가의 예수님이 쓴 물을 정화하여 단물로 바꾸어 줍니다.

예수의 십자가를 마음에 간직하고 살면 미움이 사랑으로 바뀝니다. 불안과 두려움이 평안으로 바뀝니다. 원망과 불평이 감사로 바뀌어 행복하게 됩니다.

믿음은 쓴 물로 가득한 우리 인생에 예수의 나무 십자가를 세우고 의지하며 그 능력을 경험하며 변화되어 가는 삶입니다.

> 모세가 여호와께 부르짖었더니
> 여호와께서 그에게 한 나무를 가리키시니
> 그가 물에 던지니 물이 달게 되었더라
>
> ▪▪▪▪
> 출애굽기 15장 25절

희생양

내가 애굽 땅을 칠 때에 그 피가 너희가 사는 집에 있어서
너희를 위하여 표적이 될지라 내가 피를 볼 때에
너희를 넘어가리니 재앙이 너희에게 내려 멸하지 아니하리라
(출애굽기 12장 13절)

09

여성 최초로 노벨 문학상을 받은 스웨덴의 라게를뢰프(Selma Lagerlof)가 쓴 '진홍가슴 새'라는 동화가 있습니다.

옛날, 하나님께서 세상 만물과 동식물을 지으실 때였습니다. 저녁 무렵, 하나님이 깊은 생각에 잠기신 후 잿빛 털을 가진 조그만 새 한 마리를 만드셨습니다. 그리고는 새 이름을 '진홍가슴 새'라고 붙여 주셨습니다.

이 새가 하나님께 물었습니다.

"저는 온통 잿빛 털을 가지고 있는데 어찌하여 '진홍가슴 새'라는 이름을 주십니까?"

"네가 참사랑을 배우게 될 때, 그 이름에 합당한 깃털을 가지게 될 것이다."

그 후 오랜 세월이 흘렀습니다. 어느 날 '진홍가슴 새'의 둥지 근처 언덕에 십자가가 세워집니다. 그리고는 어떤 사람이 그 십자가에 매달립니다.

멀리서 이 광경을 보던 진홍가슴 새는 그 사람이 어찌나 불쌍하게 보이던지 그 십자가에 달린 사람에게로 날아갑니다.

가까이 가서 보니 그 사람의 이마에 가시관이 씌어져 있는데 그 가시가 박힌 상처에서 붉은 피가 솟아나고 있습니다.

이 새는 가엾은 사람의 이마로 날아가서 자신의 자그마한 부리로 그 사람의 이마에서 가시를 하나씩 뽑아내기 시작합니다. 가시가 뽑힐 때마다 피가 솟아나서 이 작은 새는 온통 피투성이가 되고 맙니다.

이 새는 지칠 때까지 그 가시들을 뽑다가 안타깝게 돌아오고 맙니다. 왜냐하면 그 사람이 결국 숨을 거두고 말았기 때문입니다.

그런데 자기 몸에 묻은 피가 도무지 깨끗이 지워지지 않습니다. 결국 목덜미와 가슴에는 핏자국이 남게 되었고, 더욱 이상한 것은 그 새가 낳는 새끼들마다 모두 목덜미와 가슴에 선명한 진홍빛을 가진 털이 생기게 되었습니다.

지금까지도 그 빛깔은 모든 진홍가슴 새의 목과 가슴에 빛나고 있답니다.

성경에는 피에 관한 이야기로 가득합니다.

유월절은 유대인들이 이집트의 노예 생활에서 해방되고 자유를 얻게 된 것을 기념하는 날입니다.
유월절은 유대인들이 어린양을 잡아, 양의 피는 집의 좌우 문설주와 문틀에 바르고, 고기는 불에 구워 먹는 명절입니다.

유월절에는 반드시 어린양을 잡습니다. 그 유래는 출애굽 할 때부터입니다.
이스라엘 사람들을 노예로 삼은 이집트 왕 바로가 하나님의 명령을 거부하고 이스라엘 사람들을 내보내지 않았습니다.
하나님께서 열 가지 재앙으로 바로를 압박했으나, 바로는 보내겠다고 하고는 매 번 약속을 지키지 않았습니다.
하나님께서는 마지막으로 이집트의 모든 큰아들들을 죽이심으로 바로를 혼내기로 하셨습니다.

Gospel Through Stories

"너희는 어린양을 잡아서 그 피를 문에 바르라."

하나님의 명령입니다. 천사가 그날 밤에 심판하러 왔다가 문에 묻은 피를 보면 '이 집은 하나님을 경외하는 사람의 집이구나!' 하고 지나갈 것이라고 하십니다.

'설마, 양의 피에 무슨 능력이 있을까? 문에 피를 바르면 보기 흉하고 역한 냄새가 나는데,' 하고 의심하며 문에 피를 바르지 않은 사람들도 있습니다.

"하나님의 말씀이니 번거로워도 어린 양의 피를 문의 기둥과 인방에 바릅시다."

하나님의 말씀을 믿고 양을 잡아 피를 문에 바른 집은 아무도 죽지 않았습니다. 그러나 의심하고 문에 피를 바르지 않은 집은 그 집의 맏아들이 죽었습니다.

양이 희생하면 사람은 살고, 희생의 피가 없으면 사람이 죽었습니다.

유대인들의 유월절 명절 때마다 희생당한 양들의 죽음은 장차 사람들의 죄를 대신 짊어지고 피 흘리며 죽으신 예수 그리스도의 희생을 미리 보여줍니다.

요한은 예수님을 가리켜 이렇게 말했습니다.

'보라 세상 죄를 지고 가는 하나님의 어린 양이로다.' 요한복음 1장 29절

죄로 인한 하나님의 심판으로부터 우리를 구하려고 예수님은 유월절의 어린 양처럼 대신 희생하신 분입니다.
예수님은 유월절 희생 양처럼 십자가에서 피를 흘려 우리의 모든 죄값을 대신 지불하셨습니다.
예수님을 믿는 사람은 마음에 피 뿌림을 받고 모든 죄를 용서받습니다. 죄의 심판으로부터 구원 받습니다.

유월절 잔치가 십자가에서 피 흘리신 예수님으로 인해 새 언약의 만찬으로 바뀝니다.
우리가 새 언약의 만찬을 행하며 포도주를 마시는 것은 예수께서 흘린 피를 마음에 바르며 죄 사함 받았음에 대한 믿음의 표현입니다.

내가 애굽 땅을 칠 때에
그 피가 너희가 사는 집에 있어서
너희를 위하여 표적이 될지라
내가 피를 볼 때에 너희를 넘어가리니
재앙이 너희에게 내려 멸하지 아니하리라
. . . .
출애굽기 12장 13절

병 고치는 강

나아만이 이에 내려가서 하나님의 사람의 말대로
요단 강에 일곱 번 몸을 잠그니 그의 살이
어린 아이의 살같이 회복되어 깨끗하게 되었더라
(열왕기하 5장 14절)

10

어릴 적에 천식과 여러 잔병을 앓아 촛불 하나도 제대로 끌 힘이 없는 아이가 있었습니다. 그 아이가 열한 살이 되던 날 아버지는 이렇게 말했습니다.

"네가 전능하신 하나님을 참으로 신뢰한다면 오히려 너의 장애 때문에 모든 사람이 너를 주목할 것이고, 너는 역사에 신화 같은 기적을 남기는 놀라운 삶을 살게 될 것이다."

아이는 자신의 인생을 만들어 가시는 하나님에 대한 믿음을 갖게 됩니다.

그가 24세가 되던 해에 뉴욕 주의 하원 의원이 되고, 후에는 뉴욕 주지사가 되며, 부통령을 거쳐 미국 역사의 가장 어두웠던 시기에 미국의 신화를 재건하는 대통령이 됩니다.

노벨 평화상까지 수상하였던 이 사람은 시어도어 루즈벨트(Theodore Roosevelt, Jr.)입니다.

어려운 환경으로 불행하게 살다가 끝날 수 밖에 없는 사람이 불행을 극복하고 존귀해지면 사람들의 주목을 받습니다.
성경에는 그런 짜릿한 이야기가 많습니다.

나아만은 시리아 군대의 총사령관입니다. 나아만은 전쟁터에서 용감하게 싸워 큰 승리를 거둔 적이 여러 번이어서 왕의 신임을 한 몸에 받았습니다.
나아만은 부귀와 명예와 권력과 존귀를 다 가지고 있는 사람입니다.

그런 나아만에게 큰 불행이 닥쳤습니다. 하늘이 내린 벌이라고 알려진 나병에 걸립니다.
낫고 싶어서 좋은 약을 다 써보고 유명한 명의를 다 찾아가 보았지만 아무 소용이 없습니다. 피부가 썩어 문드러지고 병은 점점 심

해지고 있습니다. 사람들이 모두 그를 기피합니다. 나아만은 나병에 걸린 것이 너무 억울합니다

어느 날 집에서 일을 하는 어린 소녀가 말합니다.

"주인 어른께서 제 고향 사마리아에 계신 하나님의 선지자를 찾아가면 병을 고치실 텐데요. 그분이라면 주인 어른의 나병을 고칠 수 있습니다."

"하나님의 선지자라고? 최고의 의사들도 고치지 못했는데, 선지자가 어떻게 병을 고치느냐?"

"세상을 창조하신 하나님이 그분과 늘 함께 계셔서, 그분을 통해 하나님의 능력이 크게 나타나고 있어요. 그분은 옷자락으로 강물을 내리쳐 갈라지게 하시고, 죽은 아이를 다시 살리기도 하셨답니다."

나아만은 소녀의 말을 듣고는 자신의 나병도 하나님의 사람을 만나면 고칠 수 있으리라는 희망을 품습니다.

나아만은 부푼 가슴으로 왕에게 나아가 요청합니다.

"폐하! 사마리아에 가면 내 병을 고칠 수 있답니다. 저를 보내 주십시오."

"장군! 그것이 정말이오. 지체하지 말고 사마리아로 가시오. 내가 이스라엘의 왕에게 친서를 써 줄 테니, 친서를 가지고 어서 떠나시오."

나아만이 웅장한 행렬을 이끌고 엘리사의 집 문 앞에 도착했습니다. 그런데 엘리사는 나와 보지도 않고 사환이 나와서 엘리사의 말을 전합니다.
"장군님은 요단 강에 몸을 일곱 번 씻으시면 깨끗하게 된다고 하십니다."

"나를 무시하는군! 선지자가 직접 나와서 정중히 맞아 주고 하나님의 이름을 부르며 상처 위에 손을 얹고 안수 기도를 하여 병을 고쳐 주어야 도리가 아닌가? 우리 시리아의 다마스쿠스에 이보다 좋은 강이 많은데 차라리 돌아가자."

버럭 화를 내며 수레에 오르는 나아만을 부하들이 만류합니다.
"장군님! 선지자가 이보다 더한 일을 하라고 시키면 안 하시겠습니까? 다만 요단 강에 씻으면 깨끗해진다는데, 못할 까닭이 없지 않습니까?"

나아만은 분노를 거두고 요단 강으로 가서 몸을 일곱 번 씻습니다.

그랬더니 어린아이의 살결처럼 새 살이 돋아나고 나병이 깨끗이 나았습니다.

나아만은 집안 일을 하는 어린 소녀로부터 병이 나을 수 있다는 기쁜 소식을 듣고는 희망의 소리에 귀를 기울이고 하나님의 사람을 찾아갔습니다.

자신의 모든 것을 앗아가는 나병을 고침 받고자 자신의 생각을 접고 하나님의 말씀에 따라 요단 강에 일곱 번 씻고 깨끗이 나았습니다.

누구든지 예수 그리스도의 보혈의 강물에 씻으면 깨끗해집니다. 나병처럼 흉하게 일그러지고 감각을 마비시키는 죄라도 그리스도의 보혈의 강물에 적시면 정결하게 되고 깨끗해집니다.

예수를 믿으면 예수의 피를 힘입어 죄 사함과 치유의 능력을 경험하게 됩니다.

불행하게 끝날 인생도 예수를 만나고 그 분 안에 들어가면 새롭게 변하고 행복한 날이 시작됩니다.

Gospel Through Stories

믿음은 하나님의 말씀이 내 생각과 달라도 그분을 신뢰하고 자신을 그 말씀에 맡기며 그의 피로 정결하게 되어 살아가는 것입니다.

나아만이 이에 내려가서 하나님의 사람의 말대로
요단 강에 일곱 번 몸을 잠그니 그의 살이
어린 아이의 살같이 회복되어 깨끗하게 되었더라

· · · ·

열왕기하 5장 14절

시선 교정

여호와께서 모세에게 이르시되 불 뱀을 만들어
장대 위에 매달아라 물린 자마다 그것을 보면 살리라.
(민수기 21장 8절)

존 에글렌(John Egglen)이 다니는 교회는 영국 콜체스터의 후미진 곳에 있었습니다. 에글렌이 주일 아침, 눈을 떠보니 눈이 많이 내리고 있었고 이미 눈이 많이 쌓였습니다. 위험을 무릅쓰고 1마일 이상 걸어서 교회당에 도착했습니다.

"에글렌 형제! 설교자가 오지 않았습니다. 교인들도 겨우 23명뿐이고요. 어떻게 할까요? 예배를 취소할까요?"

"오! 저런 안됩니다. 제가 예배를 인도하겠습니다. 참석한 사람들이 우리 교인들이니 제가 실수해도 용서해 주겠지요."

"물론 그렇지요. 에글렌 형제! 저 구석에 앉아 있는 소년 한 사람만 제외하고는 모두 다 우리 교인들입니다."

에글렌 집사는 강단에 올라가 열심히 설교했습니다. 낯선 그 소년을 바라보면서 힘껏 외쳤습니다.

"애야, 넌 참 가엾어 보이는구나! 예수님을 바라보아라. 그러면 구원을 받을 것이다."

눈보라가 치는 날, 설교자도 오지 못한 교회당에서 에글렌 집사의 설교를 들은 그 소년은 바로 스펄전(Charles Haddon Spurgeon)입니다.

그날 스펄전은 구원받았고, 훗날 그의 설교는 영국을 깊은 잠에서 깨어나게 했습니다.

스펄전은 후에 이렇게 말했습니다. "그날 마음에 구름이 걷혔습니다. 어둠이 물러가고 밝은 빛이 내게 비추어졌습니다."

무엇을 바라보느냐?에 따라 인생이 크게 달라집니다.

성경을 읽으면 새로운 눈이 열려 하나님이 보여 주시는 하나님 나라를 믿음으로 보게 됩니다.

이스라엘 사람들이 400년 간의 이집트 노예 생활에 종지부를 찍고 하나님이 약속하신 땅을 향해 출발할 때입니다.

홍해 바다를 건너 가나안 땅으로 가려고 광야를 지나다 보니 어렵고 힘이 듭니다. 갈 길은 멀고, 기후는 나쁘고, 험한 길을 걷다 보니 백성들의 마음이 상해 불평하고 하나님을 원망하기 시작합니다.

"왜 하나님은 이집트에서 우리를 이끌어내어 이 광야에서 고생시키는 거야?"

"그래, 맞아. 여기는 투박한 음식밖에 없어. 무화과도, 포도도, 석류도 없어. 난 이제 매일 먹는 만나에 질렸어."

"너희를 인도한 나를 너희의 하나님으로 믿지 않는구나!"

은혜를 잊어버리고 원망하는 이스라엘 사람들에게 하나님은 붉은 빛의 독사들을 보냈습니다. 붉은 뱀들이 돌아다니며 닥치는 대로 사람들을 물었습니다.

뱀에 물린 사람들은 온몸에 독이 퍼져 퉁퉁 붓고 고통스럽게 죽어갑니다.

이스라엘 진영은 아수라장이 되고 백성들은 이번에도 모세에게 와서 간청합니다.

"우리가 주님께 원망함으로 죄를 지었습니다. 우리를 위하여 기도해 주세요."

Gospel Through Stories

지도자 모세는 이 참담한 상황에 백성들을 대신해 하나님께 용서를 빕니다.

하나님께서 모세의 기도를 들으시고 살아날 방도를 가르쳐 주십니다.

"구리로 뱀을 만들어 장대에 매달아라. 그것을 보는 사람마다 살게 될 것이다."

모세는 급히 구리로 뱀을 만들어 장대 위에 높이 매답니다.

"여러분! 장대에 달린 구리 뱀을 쳐다보세요. 뱀에 물렸어도 구리 뱀을 바라보면 산다고 하나님이 말씀하셨어요."

"무슨 헛소리야? 뱀 독이 퍼져 온몸이 붓고 있는데 구리 뱀을 바라보면 산다고? 허튼소리 말고 해독제를 가져오란 말이야."

장대에 매단 구리 뱀을 보지 않은 사람은 온몸에 독이 퍼져 죽습니다. 그러나 모세의 말을 믿고 구리 뱀을 바라보는 사람들은 신비롭게도 온몸에 퍼진 독이 순식간에 사라지고 살아납니다.

구리 뱀은 아무 힘도 없어 보였으나, 바라보는 사람들을 모두 살렸습니다.

약속의 땅을 향해 가면서도 사단의 속삭임에 속아 뒤돌아보며 이 집트를 바라보는 이들은 마음과 영혼이 병들었습니다.

하나님은 사람들의 잘못된 시선을 구리 뱀을 통하여 하늘로 향하고 하나님을 바라보도록 바꾸시려고 하신 것입니다.

예수님도 바라봄에 대해 말씀하셨습니다.

> '모세가 광야에서 뱀을 든 것같이 인자도 들려야 하리니 이는 그를 믿는 자마다 영생을 얻게 하려 하심이니라.' 요한복음 3장 14,15절

광야에서 사람들이 장대에 매단 구리 뱀을 바라보고 살아난 것은, 십자가에 달린 예수 그리스도를 바라봄으로 죄 사함 받아 구원받는 것의 그림자입니다.

십자가의 예수를 바라보면 구원을 받는다는 하나님의 약속을 믿고 예수를 바라보면, 죄로 말미암은 사망의 독이 해독이 되고 영생을 선물로 받습니다.

믿음은 시선을 하나님께로 향하고 하나님을 집중적으로 바라보는 것입니다.

여호와께서 모세에게 이르시되
불 뱀을 만들어 장대 위에 매달아라
물린 자마다 그것을 보면 살리라
····
민수기 21장 8절

광야의 식탁

네 조상들도 알지 못하던 만나를 네게 먹이신 것은
사람이 떡으로만 사는 것이 아니요 여호와의 입에서 나온
모든 말씀으로 사는 줄을 네가 알게 하려 하심이니라
(신명기 8장 3절)

12

　세계 역사상 가장 위대한 작곡가를 꼽는다면 '요한 세바스찬 바하(Johann Sebastin Bach)'입니다.
　바하는 황무지 같은 가정 환경 속에서 살며 장미꽃 같은 아름다운 작품을 남겼습니다. 그의 음악은 황무지에 핀 아름다운 한 송이 꽃과 같습니다.
　바하의 인생은 고난의 연속이었습니다. 부모는 어릴 때 돌아가셨습니다. 사랑하는 아내 마리아는 일곱 자녀를 낳고 병으로 세상을 떠났습니다.
　노년에 바하는 앞을 보지 못하는 맹인이 되고 뇌일혈로 쓰러져 반신불수가 되었습니다. 경제적으로도 빈곤하였습니다. 황무지 같은 환경이었습니다.

그러나 바하는 그 처절한 환경 속에서 포기하지 않았습니다. 수많은 사람의 영혼을 사로잡을 만큼 웅장하고 장엄한 불후의 명작들을 만들어 냈습니다.

바하는 "모든 음악의 목적은 하나님께 영광을 돌리고, 사람에게 즐거운 감정을 솟아나게 하는 것이다."라고 하였습니다.

바하는 그리스도가 자신의 구주인 것을 고백하며 황무지 같은 인생 속에서도 그리스도를 힘입어 장엄하고 경건한 음악의 꽃을 피웠습니다.

광야는 아주 척박하고 사나운 땅입니다. 광야는 사람이 살아가는 데 꼭 필요한 것들이 거의 없습니다. 마실 물이 없습니다. 먹을 것을 구하기도 어렵습니다.

광야는 낮에는 뜨거운 태양열과 밤에는 추운 기온으로 사람이 살기 어려운 곳입니다.

그런데 하나님은 이스라엘 백성들이 약속의 땅 가나안을 향할 때에 홍해 길을 따라 광야로 지나가게 하십니다.

하나님을 의지하며 살아가는 것을 가르치시려고 광야로 인도하십니다.

이집트를 떠나 광야로 들어온 지 한 달이 되자 가져온 양식도 떨어졌습니다.
"이제 먹을 것도 없으니 굶어 죽을 일만 남았군."
"차라리 이집트에서 노예로 그냥 있었으면 빵과 고기는 실컷 먹을 텐데.."

백성들의 불평을 들으신 하나님께서 모세에게 말씀하십니다.
"내가 오늘 고기를 실컷 먹게 해주마. 그리고 내일 아침부터 양식을 내리겠다."
저녁 무렵, 큰 메추라기 떼가 날아오더니 이스라엘 진영에 우수수 떨어집니다. 모두들 메추라기를 그릇에 주워 담아 실컷 구워먹고 삶아 먹었습니다.
다음 날 아침, 백성들이 일어나 천막을 열고 보니 작고 둥근 싸라기 같은 것이 사방에 눈처럼 내려 있습니다.
"이것이 하나님이 내리신 하늘 양식, 만나로구나!"

Gospel Through Stories

하나님은 광야생활 40년 동안 이스라엘 백성들에게 만나를 내려 주십니다. 만나는 하나님이 공급해 주시는 식량입니다. 백성들은 아침마다 눈처럼 내린 만나를 먹을 만큼 그릇에 담아 오면 됩니다.

만나는 하나님이 주신 하늘 양식입니다. 만나는 육의 양식이면서 영의 양식입니다.
하나님은 그 백성들에게 하늘 양식을 먹고 살아야 된다는 것을 가르치시려고 광야로 인도하셨습니다. 날마다 하나님께 공급받아 살게 하십니다.

빵만 있으면 사는 줄로 착각하는 사람이 많습니다. 사람들은 빵 문제만 해결되면 행복할 것이라고 생각합니다.
그러나 사람은 먹고 사는 문제가 해결되어도 저절로 행복해지지 않습니다.

사람은 육체를 가지고 있는 동시에 영적인 존재이기 때문에 하늘 양식을 먹어야 행복하게 됩니다.
육체가 건강하기 위해서 음식을 먹는 것처럼, 영혼이 만족하기 위해서는 하나님의 말씀을 공급받으며 살아야 합니다.

하나님의 말씀으로 사랑을 맛보며, 말씀을 통하여 믿음을 키우고 살아야 행복하게 됩니다.

하늘에서 만나를 내리는 기적을 요구하는 사람들에게 예수께서 말씀하셨습니다.

> '나는 하늘에서 내려온 살아 있는 떡이니 사람이 이 떡을 먹으면 영생하리라. 내가 줄 떡은 곧 세상의 생명을 위한 내 살이니라 하시니라.' 요한복음 6장 51절

예수님은 하늘에서 하나님이 내려 주신 만나와 같은 생명의 양식입니다.

예수님은 생명의 떡입니다. 굶주린 자에게 배고픔을 면하게 해주는 양식처럼 배고픈 인생들에게 예수님은 참 만족을 주시는 생명의 양식입니다.

육신의 양식을 얻기 위하여 노동을 하는 것같이 생명의 양식을 얻

기 위하여 수고를 해야만 한다고 생각하는 사람이 많습니다.

열심히 전도하고, 열심히 봉사해야 영생을 얻는다고 믿는 이들도 많습니다.

예수님은 '하나님께서 보내신 예수 그리스도를 믿는 것이 하나님의 일이라.' 요한복음 6장 29절고 하셨습니다.

하늘 양식은 수고함으로 얻는 것이 아니라 하나님이 은혜로 거저 주시는 것을 믿음으로 받는 것입니다.

생명의 양식인 예수를 믿으면 행복하게 되고 영생을 선물로 받습니다.

네 조상들도 알지 못하던 만나를 네게 먹이신 것은
사람이 떡으로만 사는 것이 아니요
여호와의 입에서 나온 모든 말씀으로 사는 줄을
네가 알게 하려 하심이니라

신명기 8장 3절

하나님의 타이밍

하만이 왕복과 말을 가져다가 모르드개에게 옷을 입히고 말을 태워
성 중 거리로 다니며 그 앞에서 반포하되 왕이 존귀하게 하시기를
원하시는 사람에게는 이같이 할 것이라 하니라
(에스더 6장 1-11절)

　　알 속에 있는 병아리가 부화를 시작하면서 밖으로 나오기 위해 안에서 여린 부리로 껍데기를 쪼아 대기 시작합니다. 그것을 감지한 어미 닭이 밖에서 껍데기를 쪼아 깨뜨립니다.
　　병아리와 어미 닭이 힘을 합쳐 생명이 탄생하는 순간을 '줄탁동시(啐啄同時)'라고 합니다.

　　우리가 안에서 기도로 믿음을 표현하며 두드릴 때, 밖에서 하나님이 우리의 기도를 들으시고 능력을 행하셔서 기적이 일어납니다.
　　우리와 하나님이 동시에 일하게 될 때 위기의 상황이 반전되어 축복의 현장으로 바뀝니다.

　　이스라엘 백성들이 포로가 되어 페르시아의 지배를 받고 있을 때입니다.

페르시아 왕의 신임을 받고 있던 하만이라는 신하가 자신에게 절하지 않은 모르드개를 몹시 미워합니다. 모르드개와 그의 민족인 유대인들까지 모조리 죽이려는 음모를 꾸밉니다.

페르시아에 사는 유대인들은 모두 살육을 당할 큰 위기에 처합니다.

모르드개의 사촌 여동생 에스더는 페르시아의 왕비였습니다. 에스더는 위험에 처한 동족을 생각하며 자신이 왕비가 된 것이 '이때를 위함이 아닐까?' 하고 생각하고는 '죽으면 죽으리라.' 하고 결단하고 금식하며 기도를 시작합니다.

에스더는 수산성에 사는 유대인들에게도 함께 금식하며 하나님께 간절히 기도하자고 요청합니다.

에스더와 유대인들이 기도하자 하나님이 일하시기 시작합니다. 하나님이 기도를 들으시고 일하시자 생각하지도 못한 엄청난 반전이 시작됩니다.

꼼짝없이 멸망 당할 것 같았는데, 아무리 돌아보아도 희망이 없게 느껴졌는데, 한 순간에 운명이 역전됩니다.

에스더와 유대인들이 함께 금식하며 기도하던 밤에 놀라운 일이 일어납니다.

페르시아 왕이 밤에 잠이 오지 않습니다. 뒤척이다가 시종을 불렀습니다.

"여봐라! 술상을 차리고 궁녀들을 불러 노래와 춤을 추게 하라."

"아니다. 그것도 시시하니, 차라리 궁중일기를 가져와 읽도록 하라."

우연히 읽기 시작한 궁중일기에 왕의 암살 음모를 고발한 장면이 나옵니다.

내시 두 사람이 왕을 암살하려는 음모를 꾸몄는데 마침 모르드개가 고발하여 왕의 목숨을 구해 준 엄청난 사건입니다.

"여봐라! 이런 일을 한 모르드개에게 어떤 상을 내리고 어떻게 대우하였느냐?"

"아무 상도 내리지 않은 줄로 아옵니다."

하나님의 타이밍은 참 절묘합니다. 왕이 에스더와 하만 사이에서, 그리고 모르드개와 하만 사이에서 누가 옳은지를 판단해야 할 시점입니다.

누가 충신인지, 누가 간신인지 분별해야 하는데 판단할 근거가 애매합니다. 때마침 왕이 궁중일기를 읽다가 모르드개가 자신을 구해준 일을 기억해 내게 되었습니다.

하나님께서 에스더와 유대인들의 기도를 들으시고 궁중일기를 통하여 모르드개의 충성됨을 깨우쳐 주신 것입니다.

마침 하만은 모르드개를 목매달아 죽일 계획을 세우고 사형 집행 허락을 받으려고 궁궐로 들어옵니다.

"밖에 누가 있느냐?"

"하만이 뜰에 섰나이다."

왕은 하만을 불러 묻습니다.

"왕이 존귀하게 하기를 기뻐하는 사람에게 어떻게 하면 좋겠느냐?"

하만은 내심 '왕이 존귀하게 하려는 자는 나 외에 누가 있으랴.' 하고 자신의 소원을 말합니다.

"왕복과 왕관을 씌워주고 왕이 타는 말을 태워 신하 중 가장 존귀한 자가 앞장서서 온 도시를 돌며 '왕이 존귀하게 하려는 사람에게는 이같이 한다.' 하고 외치게 하면 좋겠습니다."

"왕복과 말을 가져다가 네가 말한 대로 모르드개에게 속히 행하라."

이 일을 시작으로 유대인들을 죽이려던 하만의 불의함이 다 드러났습니다.

하만은 사형을 당하고, 모르드개는 페르시아에서 왕 다음으로 존귀한 자가 됩니다. 이스라엘 백성들은 모두 큰 위기에서 구원 받았습니다.

악한 사단은 모든 사람을 멸망시킬 악한 음모를 꾸미고 노립니다. 그러나 우리가 예수님을 의지하고 하나님께 믿음을 보이며 기도하면 하나님이 일하기 시작하십니다. 우리를 영원히 멸망 당할 위험에서 구원하여 높여 주십니다.

믿음은 위기에 처할 때 하나님을 신뢰하고 기도하며 하나님의 타이밍을 기다리는 것입니다.

하만이 왕복과 말을 가져다가
모르드개에게 옷을 입히고
말을 태워 성 중 거리로 다니며
그 앞에서 반포하되 왕이 존귀하게 하시기를
원하시는 사람에게는 이같이 할 것이라 하니라
. . . .
(에스더 6장 1-11절)

타작마당의 은혜

룻이 이르되 내 주여 내가 당신께 은혜 입기를 원하나이다
(룻기 2장 13절)

　　2009년 어느 가을 날 22명의 노인들이 니콜라스 윈턴(Nicholas Winton)에게 고마운 마음을 전하러 런던을 찾아와서 기차역 플랫폼에서 만납니다.

　　윈턴은 스물아홉 살, 혈기왕성한 증권 중개인이었습니다. 히틀러의 군대가 체코슬로바키아를 점령하고 유대인들을 강제 수용소로 보내고 있었습니다. 남겨진 아이들은 아무에게도 보살핌을 받을 수 없었습니다.

　　윈턴은 그 참담한 소식을 듣고 어떻게든 돕기로 작정했습니다. 윈턴은 낮에는 증권 거래에 집중하고 퇴근한 뒤에는 유대인 자녀들의 살길을 여는 일에 매달렸습니다.

　　정부 당국을 설득해서 입국허가를 받아냈습니다. 또 어린아이들을 맡아서 키워줄 위탁가정을 찾아내고 후원금을 모았습니다. 다섯

달에 걸쳐 일곱 번이 넘는 수송 작전을 폈습니다. 그렇게 무려 669명의 어린이를 구조했습니다.

마침내 전쟁이 끝났습니다. 윈턴은 구조 활동에 관해서 식구들에게조차 비밀로 하였습니다. 1988년, 아내가 다락방을 정리하다가 아이들의 이름과 사진이 가지런히 정리되어 있는 스크랩북을 찾아냈습니다. 윈턴을 조르고, 또 조른 뒤에야 그 사연을 들을 수 있었습니다.

사실이 알려지자, 윈턴 덕분에 목숨을 건졌던 이들이 감사의 뜻을 전하기 위해 세계 곳곳에서 찾아오기 시작했습니다. 그 가운데는 영화감독, 캐나다의 저명한 언론인, 기자, 영국의 전직 각료, 잡지 발행인, 이스라엘 공군 창설자도 있습니다.

윈턴의 용감한 활동에 힘입어 목숨을 지킬 수 있었던 이들의 아들딸, 손자 손녀, 증손들의 숫자는 무려 7천 명이 넘었습니다.

구조된 이들 가운데 몇몇이 선물한 반지를 윈턴은 늘 끼고 있습니다. 반지에는 이렇게 새겨져 있습니다. "한 생명을 건지는 자, 온 세상을 살게 하리라."

은혜를 베풀면 감동을 주고, 은혜를 받으면 감격하게 됩니다.

나오미와 룻은 고향 베들레헴에 도착하자, 마을 사람들이 몰려들었습니다.

"나오미, 남편과 두 아들은 어디 있어요? 함께 온 저 여인은 누구요?"

나오미는 한숨을 쉬며 모압지방으로 이민 가서 사는 동안 남편도 죽고, 두 아들도 죽어 의지할 사람이 사라져 고향으로 돌아온 이야기를 합니다.

다음 날 룻은 일찍 일어나 이삭이라도 주우려고 나갔습니다. 룻은 보아스의 밭에서 저녁까지 쉬지 않고 이삭을 줍습니다

"여보게! 저 여자는 처음 보는 데 누구인가?"

"예. 주인 어른! 룻이라고 하는 모압 여자입니다."

"아! 가련한 시어머니 나오미를 보살피겠다고 따라온 며느리가 저 여자군!"

"이봐요. 새댁! 안심하고 내 밭에서 마음껏 이삭을 줍도록 하시오. 목이 마르면 물 단지에서 마음대로 마시고, 일꾼들과 점심도 같이 먹도록 해요."

"감사합니다. 그런데 이방여자인 저를 왜 이처럼 잘 대해 주십

니까?"

그날 저녁, 이삭을 줍고 돌아온 룻에게 나오미가 놀라며 묻습니다.
"아니, 어디서 이렇게 많은 이삭을 주웠느냐?"
"보아스라는 분의 밭에서 주웠어요. 그분이 따뜻한 호의를 베푸셨어요."
"얘야! 그는 우리와 친척이란다. 이 나라 전통은 자식을 낳지 못하고 남편이 죽으면 가까운 친족이 대신해서 결혼하여 고인의 잃은 재산을 되찾아주고 대를 이어주게 되어 있단다. 보아스도 그 중의 한 사람이지."
"얘야! 오늘 밤, 타작마당으로 가서 보아스의 곁에 가만히 눕거라."

보아스는 자던 중에 돌아눕다가 인기척을 느끼고 깜짝 놀랍니다.
"댁은 뉘시오?"
"저는 룻입니다. 시어머니께 어르신이 저를 맡아 주실 분이라고 들었습니다."
"그대는 주님께 복 받을 여인이오. 걱정 마시오. 오늘 이 일을 마무리 짓겠소."

보아스는 룻을 아내로 맞아드리려고 법에 따른 절차를 밟습니다. 자신보다 더 가까운 친척을 찾아가 룻과 결혼할 마음이 있는지 묻습니다. 그는 룻을 아내로 맞으면 재산에 손해를 보게 될 것 같아서 포기합니다.

그러자 보아스는 자신의 재산을 들여서 나오미 집안의 재산을 찾아주고 룻과 결혼할 것을 서약합니다.

룻은 보아스와 결혼하여 아들을 낳고 이름을 오벳이라고 짓습니다.

룻과 나오미에게 그 동안의 모든 슬픔을 잊을 정도로 큰 기쁨이 찾아왔습니다.

"나오미! 마침내 주님께서 가문을 이을 후손을 주셨군요. 이 아이는 일곱 아들보다 더 귀한 며느리가 낳은 아들로 큰 인물이 될 것이오."

그 오벳이 자라서 이새를 낳았는데, 이새가 바로 이스라엘의 위대한 임금 다윗의 아버지입니다. 모압 여인 룻은 다윗 왕의 증조할머니입니다.

룻은 예수님의 영광스러운 족보에 이름을 올리게 되고 큰 복을 받습니다.

보아스는 기업을 되찾아 주는 자로 등장합니다. 나오미가 잃어버린 재산을 보아스가 값을 지불하여 되찾아 주고 룻을 아내로 맞아 끊어진 가게를 이어 준 것처럼, 상처로 얼룩져 무너져가는 사람을 예수님이 발견하고 비싼 대가를 지불하며 구해내어 존귀한 하나님의 자녀로 신분을 바꾸어 주십니다.

믿음은 비싼 대가를 지불하고 사랑해주신 은혜를 깨닫고 감격하는 것입니다.

> 룻이 이르되 내 주여 내가 당신께
> 은혜 입기를 원하나이다
>
> 룻기 2장 13절

승리를 안겨준 이름

다윗이 블레셋 사람에게 이르되 너는 칼과 창과 단창으로 내게
나아 오거니와 나는 만군의 여호와의 이름 곧 네가 모욕하는
이스라엘 군대의 하나님의 이름으로 네게 나아가노라
(사무엘상 17장 45절)

약 200여년 전, 영국에 윌버포스(William Wilberforce)라는 사람이 있었습니다. 그는 어느 날 하나님께서 말씀하시는 음성을 듣습니다.

"대영제국의 모든 노예들을 해방시켜 주거라."
"하나님! 저에게는 그럴 만한 힘이 전혀 없습니다."

윌버포스는 곱사등을 가진 장애인입니다. 그의 몸은 심하게 비틀려 있어서 당대의 한 작가는 그를 타래 송곳에 비유할 정도였습니다.

윌버포스의 외모가 사람들의 마음을 사로잡기에 적당하지 않습니다.

대다수의 정치인들은 영국에서 노예제도가 폐지되는 것을 원하지 않았습니다.

그러나 윌버포스는 하나님께 불가능한 일은 없다고 믿었습니다. 하나님의 도우심만 있으면 그분의 능력 안에서 모든 일이 이루어지리라고 믿었습니다.

그는 28세에 의회 의원이 된 후, 54년 동안 수 많은 난관 속에서도 지속적으로 노예 해방운동을 전개해 나갔습니다.

윌버포스는 살아 생전에 노예해방을 보지는 못했습니다.

그러나 하나님께서는 분명 그를 통해 일하셨습니다.

윌버포스의 장례식이 거행되던 날, 영국 의회는 영국의 깃발 아래 사는 모든 노예들에게 자유를 준다는 법을 통과시켰습니다.

다른 사람보다 부족한 사람을 하나님이 크게 사용하시는 경우가 많습니다.

사람들이 보기에 연약하고 많이 부족한 사람이 놀랍게도 큰 일을 성취하여 사람들을 놀라게 한 이야기입니다.

"다윗아! 전쟁터에 나간 형들에게 빵과 치즈를 갖다 주고, 형들이 잘 있는지 보고 오너라."

다윗은 아버지의 심부름으로 온 전쟁터에서 골리앗이 외치는 소리를 듣습니다.

"야, 이 겁쟁이들아! 숨어 있지만 말고 이리 나와서 나와 겨루어보자."

그런데 이스라엘 진영에서는 아무도 나서지 못합니다. 사울 왕조차 겁을 먹고 숨어 있을 뿐입니다.

그때 소년 다윗이 선뜻 나섭니다.

"저 할례도 받지 않은 이방인이 하나님의 군대를 모욕하다니, 내가 죽여서 치욕을 씻어내리라."

다윗이 한 말이 사울 왕에게 보고되어 다윗은 왕 앞으로 불려 갑니다.

"얘야! 너는 아직 어리다. 골리앗은 군대에서 잔뼈가 굵은 자란다. 용기는 가상하다만 그만 두거라."

"임금님! 저는 어리지만 들판에서 양떼를 돌보며 사자와 곰과도 싸워 때려 눕혔습니다. 맹수들에게서 지켜주신 하나님이 이번에도 지켜 주실 것입니다."

다윗은 하나님의 이름을 위하여 지팡이와 무릿매만 가지고 싸우러 나갔습니다.

"아니, 이런 애송이가 겁도 없이 막대기만 들고 나와 싸우겠다고? 나를 개로 여기는 것이냐? 내가 너를 새와 들짐승의 밥으로 만들어 주마."

"너는 칼과 창을 들고 내게 덤비지만, 나는 네가 모욕하는 만군의 하나님의 이름으로 싸우겠다. 너를 죽여 하나님이 계신 것을 온 세상에 알게 하겠다."

교만한 얼굴로 성큼성큼 다가오는 골리앗을 향해 다윗은 재빠르게 달려가며 주머니에서 돌을 꺼내 무릿매에 끼워 빙빙 돌리다가 골리앗을 향해 날렸습니다.

"슈우욱, 빡!"

바람을 가르며 힘차게 날아간 돌이 거인 골리앗의 이마에 정확하게 박혔습니다. 다윗은 재빨리 달려가 골리앗의 칼을 빼어 그의 목을 베었습니다.

블레셋 군대는 놀라 도망치기 시작하고 이스라엘 군대는 함성을 지르며 그들을 추격합니다. 전쟁은 이스라엘의 일방적이 승리로 끝나게 됩니다.

다윗의 무기는 무릿매가 아닙니다. 하나님의 이름입니다. 다윗이 승리한 것은 무릿매를 잘 던져서가 아니고, 하나님이 다윗 대신 싸워서 승리를 안겨 주셨기 때문입니다.

골리앗은 놋으로 된 투구를 쓰고 있고, 큰 방패를 든 부하가 골리앗 앞에서 보호해주고 있습니다.

그런 골리앗을 돌멩이를 던져서 쓰러뜨린 것은 하나님께서 방패와 투구를 피해 이마에 정확하게 맞도록 도와주신 것입니다. 돌이 이마에 맞아 튕겨나가지 않고 박히도록 하나님이 가속도가 붙게 하신 것입니다.

골리앗은 칼과 창을 의지하고 싸우지만 다윗은 하나님의 이름을 의지하여 싸웁니다. 골리앗은 자신의 힘을 자랑하며 싸우지만 다윗은 하나님의 이름을 자랑하며 싸웁니다.

하나님의 이름을 높이려고 싸우고, 하나님의 도와주심을 확신하며 싸우는 다윗을 하나님께서 기뻐하시고 이기게 하십니다.

믿음은 자신의 약함을 보지 않고 자신과 함께 하는 하나님의 이름을 자랑하고 의지하여 도전하는 것입니다.

Gospel Through Stories

다윗이 블레셋 사람에게 이르되 너는 칼과 창과
단창으로 내게 나아 오거니와 나는 만군의 여호와의
이름 곧 네가 모욕하는 이스라엘 군대의
하나님의 이름으로 네게 나아가노라

• • • •

사무엘상 17장 45절

인생 네비게이션

성막을 세운 날에 구름이 성막 곧 증거의 성막을 덮었고
저녁이 되면 성막 위에 불 모양 같은 것이 나타나서
아침까지 이르렀으되
(민수기 9장 15절)

　　　　　남극 정복의 비전을 가진 두 사람이 있었습니다. 노르웨이의 탐험가 아문센(Roald Amundsen)과 영국 해군 대령 스콧(Robert Falcon Scott)입니다.

　　두 사람은 각각 탐험대를 조직하여 남극 정복을 목표로 출발합니다.

　　아문센은 출발하기 전에 에스키모 인들의 여행하는 방법을 철저하게 분석하고 익혔습니다.

　　모든 장비와 물품을 에스키모 개들이 끌도록 했고 탐험 장비는 개가 끄는 눈썰매를 이용했습니다.

　　탐험하면서 개와 사람이 충분한 휴식을 취하게 하였고 물건과 복장, 장비 등은 작은 것까지 준비하였습니다.

아문센은 하루에 6시간 이동한 후 반드시 휴식을 취했고, 중간 캠프에 물품을 저장했습니다. 복장과 장비는 최대한 가볍게 하고 남극점을 향해 갔습니다.

아문센은 남극점을 향해 출발한 지 55일 만인 1911년 12월 14일 인류 최초로 남극점에 도달합니다.

같은 시기에 남극 탐험에 경쟁자로 나선 영국의 스콧은 남극 탐험을 위해 모터와 망아지를 준비하였습니다.

그러나 모터 엔진은 5일 만에 추위로 고장이 나고 망아지는 동상에 걸리고 말았습니다.

그래서 사람들이 짐을 지고 가야 했습니다. 한 사람이 100kg의 무거운 짐을 지고 가야 했습니다.

중간 중간에 묻어 두었던 물품은 표시를 잘하지 않아 반도 못 찾아 음식물과 물자 부족으로 고생을 많이 하고 모두 동상에 걸렸습니다.

겨우 극지에 도착하지만 이미 35일 전에 아문센이 와서 먼저 깃발을 꽂아 놓은 후였습니다.

스콧은 대원들에게 연구를 위해 화석을 가져 가자고 했습니다.

각각 30파운드 정도 되는 화석을 짊어지고 오다가 결국 스콧과 대원들은 다 죽고 맙니다.

똑같은 비전을 품었고 같은 시기에 출발하였으나, 한 사람은 아무 희생 없이 비전을 성취하였고, 다른 사람은 따르는 사람들과 함께 죽고 말았습니다.

인생을 살며 좋은 인도자를 만나는 것은 큰 복입니다.
인생을 사는 동안 어느 길로 가야 할지 몰라서 답답할 때가 많습니다. 계속 가야 할지, 멈추어야 할지 몰라서 힘들 때가 많습니다.
이때 좋은 인도자가 있어서 이끌어 주면 참 좋을 것입니다.

이스라엘 백성들이 시내 산에서 하나님과 언약을 맺고 율법을 받았습니다.
하나님이 보여주신 설계도대로 성막을 만들었습니다.
성막을 완성한 날에 신기한 일이 일어났습니다. 성막 위에 구름이 나타나 낮에는 구름기둥이 되고, 밤에는 불기둥으로 바뀝니다.

가나안 땅까지 가려면 광활한 광야를 지나가야 합니다.

광야는 일교차가 심해 낮에는 매우 덥고, 밤에는 몹시 추운 곳입니다.

그런데 구름기둥이 나타나 뜨거운 태양을 가리워 시원한 그늘을 만들어 줍니다. 밤에는 불기둥으로 변해 추위를 막아 주는 난로와 같은 역할을 합니다.

"구름이 움직인다. 출발하라는 하나님의 신호다. 어서 장막을 걷어라."

"구름이 멈추었다. 멈추라는 하나님의 명령이다. 모두 그 자리에 멈추어 성막을 설치하고 주위에 장막을 쳐라."

하나님은 구름기둥과 불기둥으로 자기 백성을 보호하셨습니다.

이스라엘 백성들은 구름기둥, 불기둥으로 지시하시는 하나님의 인도를 받아 약속의 땅 가나안에 들어갈 수 있었습니다.

오늘날 우리에게 구름기둥과 불기둥은 보이지 않습니다.

하나님이 이스라엘 백성들을 구름기둥과 불기둥으로 인도한 것처럼 성령님을 보내 인도하십니다.

　우리 안에 계신 성령님이 우리를 한 걸음 한 걸음 최선의 길로 인도하십니다.

　하나님은 자기 백성들을 사랑하시고 보호하십니다.
　광야 같은 세상에서 악한 영이 넘어뜨리려고 공격하면, 하나님이 함께 계시며 보호해 주십니다.
　성령 하나님이 우리와 함께 계시고 보호해 주십니다.
　성령님이 우리를 진리 가운데로 인도하십니다.
　성령님이 우리 마음을 감동하심으로 나아가야 할지, 멈추어야 할지, 어느 길로 가야 하는 지를 깨우쳐 주십니다.

　믿음은 삶의 중요한 순간마다 하나님의 인도를 받으며 살아가는 것입니다.

성막을 세운 날에 구름이 성막
곧 증거의 성막을 덮었고 저녁이 되면
성막 위에 불 모양 같은 것이 나타나서
아침까지 이르렀으되
....
민수기 9장 15절

금 수저와 흙 수저

야베스가 이스라엘 하나님께 아뢰어 이르되
주께서 내게 복을 주시려거든 나의 지역을 넓히시고
주의 손으로 나를 도우사 나로 환난을 벗어나
내게 근심이 없게 하옵소서 하였더니
하나님이 그가 구하는 것을 허락하셨더라
(역대상 4장 10절)

　　　　　　세계적 부호인 카네기(Andrew Carnegie)
의 어린 시절은 비참할 정도로 가난했습니다. 가족들이 빵 한 조각을 서로 먹겠다고 다투었습니다.
　절망적 상황에서 카네기의 부모는 중대 선언을 했습니다.
　"애들아! 이제부터 모두 흩어져 살자. 이대로 굶어 죽을 수는 없다."
　가족들은 뿔뿔이 흩어지고 카네기는 주린 배를 움켜쥐고 결심합니다.
　"가난을 영원히 날려 버리겠어. 가난의 고통을 절대 잊지 않을 거야."

　카네기는 가난을 물리치기 위해 열심히 돈을 벌었습니다. 그래서 세계적인 부자가 됐습니다.

Gospel Through Stories

한 신문 기자가 카네기에게 묻습니다.

"어떻게 해야 부자가 될 수 있습니까?"

"반드시 가난한 가정에서 태어나야 합니다. 그리고 가난을 잊지 말아야 합니다."

많은 젊은이들이 금수저를 물고 태어나지 못한 것을 한탄합니다.

부모가 가난하고 힘이 없어서 모든 면에 불리한 조건을 안고 경쟁을 하니 어려움이 크고 늘 뒤쳐질 수 밖에 없다고 생각합니다.

이스라엘 왕 다윗의 아들들은 최고로 잘 나가는 왕자들입니다. 아버지가 절대 권력을 쥐고 있는 왕입니다.

왕자로 태어나 부족함이 없이 자라납니다. 인물도 다른 사람보다 출중합니다. 아버지 다윗이 원하는 것을 다 들어줍니다.

그런데 가장 잘난 왕자 세 사람은 제 명대로 다 살지도 못하고 젊은 나이에 죽습니다.

한 왕자는 형제에게 살해당합니다. 다른 왕자는 아버지 다윗에게 반역하여 반란을 주동하다가 죽습니다. 또 다른 왕자는 아버지가 왕위를 물려주기를 기다리지 못하고 스스로 왕위에 오르려다가 죽습니다.

왕자의 신분이니 부족함이 없습니다. 많은 사람이 부추기니 자신만 보이고 아무도 보이지 않습니다. 좋은 환경에서 만족할 줄 모르고 지나친 욕심만 키우다가 불행해졌습니다.

그런데 성경 역대상 4장에는 야베스라는 인물이 등장합니다.

> '야베스는 그의 형제보다 귀중한 자라 그의 어머니가 이름하여 이르되 야베스라 하였으니 이는 내가 수고로이 낳았다 함이었더라.' 역대상 4장 9절

야베스는 가족들 중에서 가장 존경을 받습니다. 야베스는 인물이 좋은 것도 아니고 남보다 건강하거나 힘이 세지도 않지만 존귀하게 됩니다.
그의 이름 야베스의 뜻은 '고통'입니다. 그의 어머니가 고통을 많이 겪으면서 겨우 낳아 이름을 그렇게 지었습니다.

야베스는 자신의 이름처럼 고생의 연속인 인생이 될 가능성이 높습니다.

태어나는 과정부터 고통스럽고, 병약한 몸으로 인생을 시작합니다. 발육도 다른 사람보다 뒤처집니다. 모든 면에서 불리한 조건을 안고 출발합니다.

"하나님! 저의 약한 몸을 튼튼하게 해 주세요."

야베스가 하나님께 기도하였더니 병이 낫고 몸이 날로 튼튼해집니다.

야베스는 신이 나서 계속 하나님께 기도합니다.

"하나님! 복 받고 싶어요. 제게 복에 복을 더해 주세요.".

"주님! 저는 물려 받은 땅이 너무 좁아요. 지역을 크게 넓혀 주세요."

"하나님! 능력이 부족한 저를 하나님의 손으로 도와 주세요."

"주 하나님! 저를 늘 따라 다니는 이 환난에서 벗어나게 해 주세요."

"주여! 내게 근심이 없게 해 주세요."

하나님은 야베스의 기도를 들으시고 구하는 것마다 다 이루어 주십니다.

야베스는 기도하지 않고는 도저히 살 수 없어서 기도했습니다. 자신의 힘으로 할 수 있는 것이 별로 없어서 하나님의 도우심을 구하였습니다.

그러다 보니 기도의 능력을 많이 경험합니다. 약함이 강함으로 바뀝니다. 부족함이 풍족함으로 바뀝니다. 불행이 행복으로 바뀝니다.

기도하다 보니 하나님과 가까워집니다. 하나님의 사랑이 느껴집니다. 기도에 힘쓰다 보니 하나님의 능력을 경험합니다. 일하시는 하나님이 느껴지고 삶의 변화가 뚜렷해 집니다. 결국 존귀해지고 사람들에게 크게 존경 받습니다.

다윗의 아들 암논과 압살롬, 아도니아는 최고의 환경에서 시작하여 불행하게 끝났습니다.

야베스는 최악의 환경에서 출발했으나 최고로 행복한 인생으로 바뀌었습니다.

금수저라도 자신의 힘만 믿고 교만하면 불행한 인생으로 추락합니다.

흙수저라도 하나님을 의지하면 야베스처럼 더 좋은 인생이 됩니다.

야베스가 이스라엘 하나님께 아뢰어 이르되
주께서 내게 복을 주시려거든
나의 지역을 넓히시고 주의 손으로
나를 도우사 나로 환난을 벗어나
내게 근심이 없게 하옵소서 하였더니
하나님이 그가 구하는 것을 허락하셨더라
․ ․ ․ ․

역대상 4장 10절

새 언약 백성

여호와의 말씀이니라 보라 날이 이르리니
내가 이스라엘 집과 유다 집에 새 언약을 맺으리라
(예레미야 33장 31절)

기원전 4세기경, 그리스의 피티아스(Pythias)라는 젊은이가 왕에게 미움을 받아 교수형을 당하게 되었습니다. 효자였던 그는 연로하신 부모님께 마지막 인사를 하게 해 달라고 간청합니다.

하지만 왕은 허락하지 않습니다. 그때 피티아스의 친구 다몬(Damon)이 나섭니다.

"폐하! 제가 그의 귀환을 보증합니다. 그를 보내 주십시오."

"다몬아! 만일 피티아스가 돌아오지 않는다면 어쩌겠느냐?"

"그렇다면 친구를 잘못 사귄 죄로 제가 대신 교수형을 받겠습니다."

"피티아스는 돌아오면 죽을 운명이다. 그것을 알면서도 돌아올 것 같으냐? 만약 돌아오려 해도 그의 부모가 보내 주지 않겠지. 너는 지금 만용을 부리고 있다."

"제 목숨을 걸고 간청합니다. 폐하! 부디 허락해 주십시오."

왕은 허락했고, 다몬은 기쁜 마음으로 피티아스를 대신해 옥에 갇혔습니다.

사형을 집행하는 날이 밝았습니다. 그러나 피티아스는 돌아오지 않습니다. 사람들은 바보 같은 다몬이 죽게 되었다며 비웃습니다.

정오가 되어 다몬이 교수대로 끌려 나옵니다. 그의 목에 밧줄이 매어졌습니다. 다몬의 친척들이 울부짖으며 우정을 저버린 피티아스에게 저주를 퍼붓습니다.

"나의 친구 피티아스를 욕하지 마라. 당신들이 내 친구를 어찌 알겠는가?"

집행관이 왕을 바라보자, 왕은 집행하라고 엄지손가락을 아래로 내립니다.

그때, 멀리서 누군가가 말을 재촉하여 달려오며 고함을 쳤습니다.

"멈추시오. 제가 돌아왔습니다. 다몬을 풀어 주십시오. 사형수는 접니다."

두 사람은 서로를 끌어안고 작별을 고합니다.

두 사람을 지켜보던 왕이 자리에서 일어나며 말합니다.
"피티아스의 죄를 사면한다!"
왕은 나직하게 혼잣말을 했습니다.
"내 모든 것을 다 주더라도 이런 친구를 한번 사귀어 보고 싶구나!"

한 번 약속한 것은 목숨을 걸고 지키는 친구는 믿을 수 있습니다. 하나님은 약속하신 것을 신실하게 지키는 가장 믿을만한 분입니다.

하나님께서 모세를 통하여 옛 언약인 율법을 이스라엘 백성들에게 주시고 하나님의 백성으로 삼으십니다.
"여호와께서 말씀하신 대로 다 따르겠습니다."
백성들은 하나님께 약속했으나 그 언약을 지키지 못합니다. 하나님을 배반하고 우상을 섬기며 죄의 길로 걸어갑니다.
사람들은 자신의 의지로 하나님의 뜻을 행하려고 했으나 모두 실패했습니다.

맺은 언약을 깨뜨린 백성이지만 하나님은 사랑하십니다. 그래서 이제는 모두 쉽게 지킬 수 있는 새 언약을 주십니다. 새 언약 백성을

Gospel Through Stories

삼으십니다.

하나님께서 새 언약을 통해 사람들이 지은 모든 죄를 용서하시고 기억에서 지워 버리겠다고 약속하십니다.
그리고 모든 사람이 하나님을 체험하고 하나님의 뜻대로 살 수 있도록, 성령을 보내 주시겠다고 약속하십니다.

하나님이 보내신 성령님은 하나님의 뜻을 깨닫게 하시고, 그 뜻대로 살고 싶은 소원도 주시고, 능력도 주십니다.
성령님이 도우시면 하나님의 말씀이 믿어집니다.
의지가 연약한 사람도 성령님께 붙잡히면 삶의 변화가 뚜렷해집니다.
우둔한 사람도 성령님이 사로잡으면 하나님의 뜻을 깨닫고 순종하는 것이 쉬워집니다.

하나님이 약속하신 새 언약을 주시려고 예수님이 세상에 오셨습니다.
그런데 바리새인들과 율법학자들은 여전히 옛 언약 아래 머물며 예수님을 거부했습니다.

바리새인들은 옛 언약을 붙들고 자신의 힘으로 다 지킬 수 있다고 생각했습니다. 하나님이 새 언약을 주시려고 그 아들을 보내셨음에도 거절하였습니다.

예수님은 약속하셨습니다.

'내가 아버지께 구하겠으니 그가 또 다른 보혜사를 너희에게 주사 영원토록 너희와 함께 있게 하리니' 요한복음 14장 16절

옛 언약 아래에서 나와 새 언약 백성이 되어야 합니다.

내 힘과 의지로 하나님의 뜻대로 살 수 있다는 생각을 내려 놓아야 합니다.

하나님이 새롭게 약속하신 언약대로 성령님을 모시고 성령님의 도우심을 받아야 합니다. 성령님을 의지하며 인도를 받아야 합니다.

자기 힘으로 하나님을 기쁘시게 하려는 사람은 옛 언약 백성입니다.

자신을 믿지 않고 성령님을 모시고 의지하며 사는 사람이 새 언약 백성입니다.

새 언약 백성이 되면 성령님께 이끌려 살며 하나님과의 사랑이 깊어집니다. 날마다 성령님의 인도를 받아 천국을 경험하며 살게 됩니다.

믿음은 자기 의지로 언약을 지키지 못함을 깨닫고, 성령님을 모시고 도우심을 받아 하나님의 뜻을 행하며 사는 것입니다.

여호와의 말씀이니라 보라
날이 이르리니 내가 이스라엘 집과
유다 집에 새 언약을 맺으리라

· · · ·

예레미야 33장 31절

사랑의 배신

이스라엘이 어렸을 때에 내가 사랑하여
내 아들을 애굽에서 불러냈거늘
(호세아 11장 1절)

19

톨스토이(Lev Nikolayevich, Graf Tolstoy)의 작품 중에 '사람이 무엇으로 사는가' 라는 단편 소설이 있습니다.

미하일이라는 천사는 쌍둥이 딸을 낳은 어머니의 영혼을 거두어 오라는 하나님의 명령을 어겼기 때문에 세상으로 쫓겨납니다.
하나님은 미하일 천사를 쫓아내면서 세 가지 과제를 줍니다.

첫째, 인간 안에 무엇이 있는지를 알아내야 한다.
둘째, 인간에게 허락되지 않은 것이 무엇인가를 알아내라.
셋째, 사람이 무엇으로 사는가?를 알아내도록 하라.

"네가 이 세 가지를 다 깨닫게 되면 천국으로 다시 불러들이겠다."

Gospel Through Stories

미하일은 하늘에서 쫓겨나 추운 겨울날, 알몸으로 교회당 벽에 붙어서 떨고 있습니다.

그때 세몬이라는 가난한 구둣방 주인의 도움을 받아 그의 집에서 함께 일하며 살게 됩니다.

미하일은 구둣방 주인 세몬의 아내가 그에게 베푸는 배려에서 첫 번째 과제를 깨닫습니다.

'인간에게는 사랑이 있구나!'

그 후 구둣방에서 일하다가 어느 날 어떤 부자가 좋은 가죽으로 장화를 맞추고 돌아가서 바로 죽었기 때문에 주문한 장화 대신에 죽은 사람이 신는 슬리퍼를 찾아가는 것을 보고서 두 번째 과제를 깨닫습니다.

'인간에게는 자기에게 진정으로 필요한 것을 아는 것이 허락되지 않았구나!'

세월이 흐른 후, 한 여인이 쌍둥이 여자아이를 데리고 구둣방을 찾았을 때, 그 아이들이 바로 자기가 영혼을 거두어 가려고 했던 어머니의 딸임을 알아봅니다.

그 어머니는 딸을 낳고 육 개월 만에 죽고, 그 쌍둥이 아이들이 다른 여인의 보살핌 가운데서 잘 양육되는 것을 보고 아이는 부모 없이는 살 수 있지만 하나님 없이는 살아가지 못한다는 것을 깨닫습니다.

'사람들은 자신을 걱정하고 애씀으로 살아갈 수 있다고 생각하지만, 오직 사랑에 의해 살아간다. 사랑 속에 사는 이는 하나님의 세계에 살고 있다. 하나님은 사랑이시므로.'

천사 미하일은 세 가지 과제를 모두 터득하자마자 곧 하늘로 돌아가게 됩니다.

선지자 호세아의 아내 고멜은 남편을 배신하고 다른 남자에게로 도망쳐 버리기 일쑤입니다.
호세아는 고멜을 찾아내어 돈을 지불하고 다시 집으로 데려옵니다.
그렇게 헌신적인 사랑을 하지만 고멜은 또다시 남편을 배신하고 뛰쳐나가 자신을 사랑하지 않는 남자들에게 이용당하고 자신을 싸구려로 팔아 버립니다.

사랑하는 아내가 자신을 사랑하지 않고 흉하게 망가져 가는 모습을 지켜보며 선지자 호세아의 마음은 찢어집니다.

　배은망덕한 고멜은 바로 이스라엘 백성의 모습입니다. 그들은 하나님의 진실한 사랑은 외면하고 우상을 찾아 다닙니다.
　하나님은 선지자들을 보내어 말씀하십니다.
　"우상에게서 돌이켜 내게로 돌아오라."

　그러나 이스라엘 백성은 하나님에게서 점점 멀어지고, 추하게 망가집니다.
　하나님은 이스라엘을 해방시켜 주셨지만, 그들은 다시 종으로 돌아가려고 합니다.

　이스라엘은 온갖 부도덕과 불의로 가득 차고, 백성들의 상태는 멸망당한 소돔과 고모라처럼 심각합니다. 그들의 죄는 유황불로 멸망당해야 마땅합니다.

　그러나 이스라엘을 향한 하나님의 사랑이 불붙듯이 타오르고 있습니다.

하나님께서는 인간의 부패한 본성을 깊이 이해하시고, 사랑을 배신한 대가를 전적으로 하나님 자신의 부담으로 돌리십니다.

예수님은 십자가 위에서 우리의 모든 죄를 담당하십니다.
우상 숭배의 죄, 불순종하고 거역한 죄, 무엇보다도 불신의 죄를 다 담당하십니다.
하나님의 마음에 사랑이 가득하여 죄인들을 소돔과 고모라처럼 심판하지 않고 용서하시려고 당신의 아들로 하여금 대신 심판을 받게 하십니다.

이렇게 큰 하나님의 사랑을 받고도 그 사랑을 배신하는 사람들이 있습니다. 하나님의 마음을 아프게 하는 사람들이 있습니다.

하나님의 큰 사랑을 외면하여 짝 사랑으로 만드는 사람은 하나님을 슬프게 하고 자신도 불행해 집니다.

믿음은 하나님의 사랑을 깨닫고 진심으로 하나님을 사랑하는 것입니다.

상처 입은 치유자

그가 찔림은 우리의 허물 때문이요 그가 상함은
우리의 죄악 때문이라 그가 징계를 받으므로
우리는 평화를 누리고 그가 채찍에 맞으므로
우리가 나음을 받았도다
(이사야 53장 5절)

어느 미식축구 팀 코치가 있었는데 그의 팀이 잘 나갈 때는 그의 주변엔 친구가 아주 많았습니다.

그런데 점차 그의 팀의 성적이 떨어지자 주변엔 온통 그를 비난하는 사람들만 많아졌습니다. 친구들이 모두 다 떠나갔습니다.

누구에게도 위로 받지 못하고 외로움을 느낀 그는 반려견을 기르기 시작합니다.

어느 날 자기 개를 바라보며 한숨을 지으며 말합니다.

"이제 내 친구는 너밖에 없구나!"

그러자 개가 꼬리를 흔듭니다. 마침 옆에 무신경하게 앉아 있는 아내의 모습을 훔쳐보며 개를 향해 중얼거립니다.

"우리 집에 너 같은 친구가 하나만 더 있으면 좋으련만!"

그날 아내는 그에게 반려 견 한 마리를 더 사다 주었답니다.

사소한 일로 사람들은 상처를 잘 받습니다. 사람들은 자신이 남에게 큰 상처를 입힌 것은 모릅니다.
그렇지만 누군가에게 받은 상처로 불행한 사람이 많습니다.

상처를 받았으면 받은 상처를 빨리 치유 받아야 합니다. 상처가 치유 되지 않으면 자신도 다른 사람에게 상처를 입히게 됩니다.
사람들이 상처를 잘 다루지 못하므로 그 상처가 자신에게 큰 해를 입히고 다른 사람까지 해치는 일이 우리 주위에 많습니다.

조개 안에 모래알이 들어가 박히게 되었습니다. 모래알이 조개의 살을 찢고 상처를 입힙니다. 커다란 고통이 아닐 수 없습니다.
조개는 살을 찢은 모래알의 주위로 진액을 계속 보내어 감싸고 또 감쌉니다.
조개의 상처는 영롱한 빛깔의 값비싼 진주로 변하였습니다.
찬란한 빛을 내는 아름나운 진주는 상처로 인해 만들어진 보석입니다.

사람도 받은 상처를 잘 치유하면 오히려 인생의 보석을 만들 수 있습니다.

상처를 받았을 때 상처를 잘 다루면 더 성숙해지고, 다른 사람의 상처도 잘 이해하고 아픔을 싸매어 주게 됩니다.

그렇지만 상처를 받은 사람이 상처를 준 사람을 미워하여 원망하고 분노하면 상처가 치유되지 않습니다. 상처가 덧나게 되어 더욱 고통스럽게 됩니다.

상처를 받았어도 상처를 준 사람을 용서하고 마음의 상처를 하나님의 손에 맡기고 기다리면 아무리 큰 상처도 하나님이 어루만져 치료해 주십니다.

유대 나라가 심각한 위기에 처해 있을 때 사람들이 선지자에게 불평합니다.

"이방인에게 침략을 당해 나라가 몹시 어려운데, 하나님은 우리를 사랑하신다면서 왜 가만히 있습니까?"

"맞아요. 우리를 선택하셨다면서 기근이 계속되는데 왜 구해주시지 않지요?"

"언제까지 이렇게 고통을 당해야 합니까? 얼마나 더 하나님을 기다려야 할까요?"

이사야 선지자는 전쟁의 패배와 흉년으로 큰 상처를 안고 아우성치는 사람들에게 하나님의 메시지를 전했습니다.

> "오직, 너희 죄악이 너희와 너희 하나님 사이를 갈라 놓았고, 너희의 죄 때문에 주님께서 너희에게서 얼굴을 돌리서서, 너희의 말을 듣지 않으실 뿐이다." 이사야 59장 2절

이사야는 하나님이 죄를 해결하기 위해서 메시아를 보내 주신다고 예언합니다.

그 메시아가 대신 징계를 받고, 채찍에 맞으며, 무기에 찔려 상하는데, 그것은 우리의 상처를 낫게 하려고 우리 대신 상처 받는 것이라고 전합니다.

예수님은 이 땅에 오셔서 사람들에게 버림받습니다. 배신당합니다. 오해와 비방, 모욕과 저주를 받습니다. 욕설을 듣고 뺨을 맞습니

다. 예수님은 침 뱉음을 당하고 거짓 증언에 의해 십자가에 달려 상한 모습으로 죽습니다.

예수님은 부활하셔서 모든 상처받은 사람을 치유하려고 다가갑니다. 예수님은 당신에게 상처를 준 사람들을 미워하지 않습니다. 다 용서합니다.
예수님을 부인하며 버리고 달아난 제자들을 찾아가 온유하게 대합니다. 예수님께 상처를 입힌 사람들을 용서하려고 사랑으로 다가갑니다.

그러자 예수님께 큰 상처를 입힌 사람들이 감동 받고 변화됩니다. 예수님을 닮아갑니다. 예수님의 사랑을 전하는 일에 앞장서게 됩니다.

큰 상처를 받아 아픔을 안고 사는 사람은 예수님을 만나야 합니다.
예수님은 상처받은 사람을 치료합니다. 덧난 상처를 아물게 하고 새살이 돋게 합니다.
예수님의 손에 맡기면 치유 받습니다. 누구든지 예수님을 만나 치료받으면 예수님처럼 상처받은 치료자가 되어 다른 사람을 싸매어 주며 삽니다.

Gospel Through Stories

마음과 육체와 영혼이 깨끗이 치료받고 건강해지면 새로운 인생이 시작됩니다.

믿음은 영혼의 의사인 예수의 손에 모든 상처를 치유하도록 맡기는 것입니다.

> 그가 찔림은 우리의 허물 때문이요 그가 상함은
> 우리의 죄악 때문이라 그가 징계를 받으므로
> 우리는 평화를 누리고 그가 채찍에 맞으므로
> 우리가 나음을 받았도다
>
> ‥‥
> 이사야 53장 5절

하나님의 대리자

네 부모를 공경하라 그리하면 네 하나님 여호와가
네게 준 땅에서 네 생명이 길리라
(출애굽기 20장 12절)

　　　　　　네팔에 지진이 발생하여서 구조 팀이 도착하여 무너져 내린 집 주변에서 생존자를 찾고 있습니다.
　구조 팀은 흙더미 속에서 웅크리고 있는 한 여성을 발견합니다. 그 여성의 자세가 마치 기도하듯 무릎을 꿇고 엎드려 있습니다. 여인은 집이 붕괴되면서 그 무게로 인해 목과 허리가 골절되었습니다.
　구조 팀이 힘겹게 흙 속에 손을 넣어 여인의 생존 여부를 확인하니 안타깝게도 숨도 쉬지 않고 몸은 이미 굳은 상태입니다.

　구조 팀은 그 여성을 포기하고 다른 생존자를 탐색하기로 합니다.
　그런데 팀장이 이상한 느낌이 들어 다시 그 여성에게 가서 무릎을 꿇고 팔을 뻗어 웅크리고 있는 그녀의 팔 아래 공간을 확인하더니 소리칩니다.

"아기가 있다!"

구조 팀이 조심스레 흙더미를 걷어 내고 담요에 싸인 3개월 된 아기를 꺼냅니다.

어머니는 집이 붕괴되는 급박한 순간에 아기를 보호하기 위해 몸을 웅크려 아기를 지킨 것입니다.

아기는 잠들어 있고, 의료팀이 아기의 상태를 확인하려고 담요를 펴자 그 속에서 휴대폰이 떨어지는데, 열어보니 문자가 기록되어 있습니다.

"아가야! 만약 살아나거든, 엄마가 너를 사랑한다는 것을 기억해야 한다."

부모님은 우리에게 하나님의 사랑에 대한 간접적인 경험을 안겨 줍니다.

세상에서는 하나님의 무조건적인 사랑을 찾아볼 수 없습니다.
연인간에도, 부부간에도 무조건적인 사랑을 기대할 수 없습니다.

서로 사랑하지만 사랑하는 상대방에게 그에 상응하는 것을 기대하고 사랑합니다.

헌신적으로 섬기다가도 일방적인 사랑이 되면 실망하고, 사랑이 식어 버립니다.

그러나 부모들은 대부분 자식들을 무조건적으로 사랑합니다.

'네가 배부를 수 있다면 나의 배고픔은 참을 수 있다.' '네가 따뜻할 수 있다면 추위도 참을 수 있다.' 하는 생각에 배부르다고 하며 당신들의 음식까지 내주고, 추운 것을 참고 당신들의 옷을 벗어 감싸줍니다.

자녀들의 행복을 위해서 온갖 고생을 참고, 모욕도 견디며, 열심히 일합니다.

부모들은 효도할 것을 바라고 희생하지 않습니다.

자녀들의 행복을 위해서라면 당신들은 어떻게 되어도 상관없다고 여기고 다 내어 줍니다.

사람들은 하나님의 사랑을 잘 이해하지 못합니다. 하나님도 사람들처럼 무엇인가를 기대하고 조건적으로 사랑한다고 생각하기 때문입니다.

그렇지만 하나님의 사랑은 무조건적입니다.

세상에서 가장 하나님의 사랑을 닮은 사랑은 부모님의 사랑입니다. 부모님들은 대부분 무조건적으로 사랑합니다

루터는 "부모들은 이 세상에서 하나님의 대리자들이다."고 말했습니다.
보이지 않는 하나님의 무조건적인 큰 사랑을 우리가 실제 체험할 수 있도록 부모님을 우리에게 보내어 하나님의 사랑을 간접 경험하게 해 주셨습니다.

그래서 성경은 하나님 사랑 다음으로 부모를 공경할 것을 강조합니다.

'네 아버지와 어머니를 공경하라 이것은 약속이 있는 첫 계명이니 이로써 네가 잘 되고 땅에서 장수하리라.' 에베소서 6장 23절

하나님은 우리가 세상의 아버지와 어머니를 사랑하면서 그분들을 통해 완전하신 하늘 아버지의 사랑을 발견하게 하십니다.

하나님이 대리자로 우리에게 보내 주신 부모님은 삶을 통해 조건 없이 희생하는 하나님의 사랑을 간접적으로, 그리고 부분적으로 보여 줍니다.

하나님은 당신의 전부인 외아들을 우리를 위해 내어 주십니다.
예수 그리스도는 십자가의 죽음을 통해 우리를 향한 조건 없는 희생과 완전한 사랑을 보여 주십니다.
예수님은 목숨까지도 희생하며 아무 조건 없이 사랑으로 다 내어 주십니다.

그 사랑이 우리를 무서운 저주에서 벗어나 영원히 구원받게 합니다.

믿음은 하나님의 큰 사랑을 깨닫고 늘 그 은혜에 감격하는 것입니다.

네 부모를 공경하라
그리하면 네 하나님 여호와가
네게 준 땅에서 네 생명이 길리라

출애굽기 20장 12절

극상품 인생

이스라엘의 하나님 여호와께서 이와 같이 말씀하시니라
내가 이 곳에서 옮겨 갈대아인의 땅에 이르게 한
유다 포로를 이 좋은 무화과 같이 잘 돌볼 것이라
(예레미야 24장 5절)

이탈리아의 음악가 파가니니(Niccolo Paganini)가 무대에 나오자, 그를 기다리던 청중이 미소를 보냅니다.

파가니니가 바이올린의 활을 당기니 현 하나가 툭 끊어집니다. 청중은 걱정스러운 눈으로 바라봅니다.

또 한 번 활을 그으니 또 한 줄의 현이 끊어집니다. 연주 장에는 탄식의 소리가 터져 나옵니다.

한 번 더 활을 갖다 대자 또 하나의 현이 끊어집니다. 모두 '오늘 공연은 틀렸구나!' 하고 생각하며 실망합니다.

단 한 줄의 현과 파가니니만 남아 있습니다. 파가니니는 정중히 활을 들어 한 줄만 남은 바이올린을 켰습니다.

굵고 깊은 선율이 흘러나왔습니다. 그 선율은 구름을 뚫고 올라가

창공을 수 놓듯 천상의 소리처럼 아름답습니다.

청중은 침묵 속에 연주에 귀를 기울입니다. 기쁨보다 두려움이 감돌았습니다.

연주에 빨려 들어가던 사람들의 고개가 하나하나 수그러집니다. 비웃던 사람들 눈에서 감격의 눈물이 흐르기 시작합니다.

파가니니에게 있어서 가장 훌륭했던 연주는 단 한 줄만으로 바이올린을 연주했던 바로 그 공연입니다.

아무리 쓸모 없는 것이라도 누구의 손에 있느냐에 따라 그 가치는 달라집니다.

우리 인생도 하나님의 손에 붙잡혀 있으면 아주 달라집니다.

어느 날 예레미야는 광주리에 담긴 무화과 환상을 보게 됩니다.

성전 앞에 있는 한 광주리에는 싱싱하고 잘 익은 좋은 무화과가 담겨 있고 다른 광주리에는 너무 나빠서 먹을 수 없는 나쁜 무화과가 담겨 있습니다.

"예레미야야! 극히 좋은 무화과가 보이느냐? 좋은 무화과는 바벨론에 포로로 끌려가는 사람들이다. 내가 그들을 잘 돌보아 주어 다시 이 땅으로 돌아오게 하겠다. 그들에게 나를 알아보는 마음을 주어서 내 백성을 삼고 나는 그들의 하나님이 되겠다."

"주님! 나쁜 무화과는 무슨 뜻입니까?"

"유대 왕 시드기야와 대신들을 비롯하여 예루살렘에 남아 있는 사람들과 이집트로 피한 사람들은 먹을 수 없는 아주 나쁜 무화과처럼 만들겠다. 환난을 당하고 수치와 저주를 받을 것이다. 전쟁과 기근과 전염병을 만나 멸망 당한다."

많은 백성들이 바벨론으로 포로로 끌려가며 불안해 합니다.
 '하나님이 왜 우리를 지켜 주지 않을까? 앞으로 나와 가족들의 운명을 어떻게 될까? 아주 망하지는 않을까? 고향에 남겨진 사람들은 참 좋겠네!'

한편 유대 땅에 남겨진 사람들은 이렇게 생각했습니다.
 '나는 붙잡혀가지 않아서 참 다행이다. 저들은 죄를 많이 지어서 저 꼴이 된 게야!'
포로로 끌려가는 사람들을 바라보며 위안으로 삼았습니다.

그런데 하나님은 정반대로 말씀하셨습니다.

"포로로 끌려가는 사람들이 아주 좋은 인생이고, 고국에 남아 있는 이들은 몹시 나쁜 인생이다."

하나님의 징계를 달게 받아들이고 포로로 잡혀가면 하나님이 불쌍히 여기고 돌보아 주십니다. 하나님이 사랑하여 고국으로 돌아오게 하십니다. 그들에게 하나님을 알아보는 마음을 주시고 하나님의 백성으로 삼아 주십니다.

다니엘은 포로로 끌려갔으나 하나님을 신뢰하고 믿음을 지켰습니다.
하나님이 그를 보호하시고 높여주셔서 바벨론의 총리로 세움을 받아 큰 나라를 다스리고, 번영을 누리면서 하나님의 살아계심을 온 세상에 드러냅니다.

하나님은 포로로 끌려간 유대인들을 70년 후에 다시 예루살렘으로 돌아오게 하십니다.
그 돌아온 자들을 통해 나라를 다시 세우십니다.

그들의 후손을 통해 메시아를 보내어 온 세상을 구원하는 위대한 계획을 성취하십니다.

그렇지만 예루살렘에 남아 있던 자들과 이집트로 피신하였던 자들은 흔적조차 남지 않았습니다. 완전히 망하고 사라졌습니다.

고난 받을 때, 하나님의 징계를 달게 받아들이고 견디며 하나님을 가까이하면 인생의 반전이 일어납니다.
자신을 하나님의 손에 맡겨드리면 극히 좋은 인생이 됩니다.
다 끊어지고 한 줄만 남은 바이올린 같은 인생도, 모든 것을 잃어버린 인생도 하나님이 붙잡으시면 좋아지게 되고 다시 회복됩니다.

믿음은 고난이 찾아올 때도 하나님의 사랑을 의심하지 않는 것입니다.

Gospel Through Stories

이스라엘의 하나님 여호와께서 이와 같이 말씀하시니라
내가 이 곳에서 옮겨 갈대아인의 땅에 이르게 한
유다 포로를 이 좋은 무화과 같이 잘 돌볼 것이라

예레미야 24장 5절

나루터의 씨름

야곱은 홀로 남았더니 어떤 사람이
날이 새도록 야곱과 씨름하다가
(창세기 32장 24절)

23

'레 미제라블'의 주인공 장발장은 감옥에서 막 출소한 남자입니다. 19년 동안 옥살이를 하고 나와 나흘을 걸었지만 그를 받아주는 곳은 어디에도 없습니다.

장발장은 주교의 대문을 두드립니다. 장발장은 주교 역시 자신을 받아주지 않으리라 여기나 미리엘 주교는 낯선 손님에게 친절을 베풉니다.

"그대가 누군지 내게 설명할 필요 없네. 여긴 내 집이 아니라 예수 그리스도의 집이니까."

은그릇과 은수저가 놓인 식탁은 빵과 수프, 무화과, 치즈, 와인으로 풍성합니다.

식사 후, 주교는 장발장을 침실로 안내합니다. 감방에서 오래 지낸 탓인지 장발장은 푹신한 침대에서 잠을 이루지 못합니다.

주교의 친절에도 불구하고 장발장은 유혹을 이기지 못하고 은그릇과 은수저를 훔쳐 어둠 속으로 달아납니다.

장발장은 멀리 가지 못하고 경찰에게 붙잡혀 주교에게로 끌려옵니다. 장발장은 '이제 꼼짝없이 감옥에 들어가 다시는 나오지 못하고 거기서 끝나겠구나!' 하고 생각합니다.
그런데 주교가 장발장을 반갑게 맞이하는 것입니다.
"어서 오게! 다시 만나 반갑네. 그런데 촛대는 왜 두고 갔나? 이것도 순은으로 만든 거라네. 내가 준 수저는 잘 가지고 있지? 이것도 마저 가져가게나."

경찰을 돌려보낸 주교가 장발장을 바라보며 말합니다.
"장발장 형제! 그대는 더 이상 악인이 아니네. 그대는 착한 사람이야. 내가 그대의 영혼을 샀어. 지옥의 영으로부터 그대의 영혼을 가져와 하나님께 드렸네."
장발장은 선택을 해야 했습니다. 주교를 믿을 것인가, 자신의 과거를 믿을 것인가. 장발장은 주교의 말을 믿기로 합니다.
장발장은 성실하고 진실한 사람으로 변화되어 작은 도시의 시장이 됩니다. 공장을 세우고 일자리를 빈민들에게 제공합니다. 또한 죽어가는 한 여인을 가엾게 여겨 그녀의 딸을 맡아 기릅니다.

은혜가 장발장을 변화시킵니다. 은혜가 사단으로부터 그를 건져 냅니다.

누구나 은혜를 깨닫고 은혜에 사로잡혀 살면 새로운 삶이 시작됩니다.

야곱은 팥죽 한 그릇으로 쌍둥이 형 에서에게서 장자의 명분을 빼앗습니다. 야곱은 형이 받으려는 아버지의 축복기도까지 교묘하게 속여서 가로챘습니다.

"너 이놈! 야곱, 기다려라. 내가 반드시 너를 죽여 없애리라."

에서가 복수의 칼을 가는 것을 보고 야곱은 머나먼 외갓집으로 도망갑니다.

야곱은 밧단아람에서 힘들게 일하여 20여년만에 큰 부자가 되었습니다. 많은 가축들과 종들을 거느리고 사랑하는 가족들과 함께 고향으로 돌아옵니다.

Gospel Through Stories

고향 집이 가까울수록 야곱은 불안하고 두렵습니다.

'형 에서의 마음이 누그러졌을까? 이렇게 만나면 나를 죽이지 않을까?'

야곱은 에서에게 종들을 보냅니다.

"아우 야곱이 지금 돌아오는데 형님께서 너그럽게 봐 주십시오."

형 에서에게 갔던 종들이 돌아와서 보고합니다.

"에서가 부하 사백 명을 거느리고 주인 어른을 치려고 이리로 오고 있습니다."

곤경에 처한 야곱은 에서의 마음을 누그러뜨릴 묘책을 짜내 봅니다.

"가축 떼와 가족들을 둘로 나누어라. 한쪽이 공격 당하면 나머지는 도망쳐라."

"소와 양, 염소와 낙타 그리고 나귀 육백 마리를 형에게 선물로 보내서 형의 마음을 누그러뜨려 보자."

그래도 에서가 어떻게 나올지 알 수 없어서 야곱의 불안한 마음은 여전합니다.

"하나님! 제게 고향으로 돌아가라고 하셨잖아요. 하나님이 복을 주셔서 이처럼 큰 부자가 되었습니다. 부디 저를 에서의 손에서 건져주세요."

야곱은 한 밤중에 식구들을 얍복 강 나루를 건네 보내고 간절히 기도합니다. 나루터에 홀로 우두커니 있는데 천사가 나타나 야곱은 그를 붙잡고 씨름합니다.

"날이 새니 이제 가야겠다. 그만 놓아라."

"저를 축복해 주지 않으면 보내드리지 않겠습니다."

"너의 이름이 뭐냐?"

"야곱입니다."

"너는 하나님과 겨루어 이겼고, 사람과도 겨루어 이겼으니, 이제부터는 야곱이라고 하지 말고 이스라엘이라고 해라."

야곱은 끈질기게 매달려 하나님을 만났습니다. 하나님께 복을 받았습니다.

'천사를 만나 씨름한 이 곳을 하나님의 얼굴을 뜻하는 브니엘이라고 하자.'

Gospel Through Stories

나루터의 새 아침이 밝아옵니다. 두려움은 다 사라지고 기쁨이 충만합니다. 새 힘이 솟아납니다. 하나님을 만났기 때문입니다. 야곱은 새롭게 변화되었습니다.

"이제 나는 이스라엘이다."

야곱이 씨름하다 엉덩이 뼈를 다쳐서 다리를 절게 되었지만, 하나님을 만난 흔적이라 자랑스럽습니다.

에서가 무장한 부하들을 이끌고 왔지만 하나님이 보호하는 야곱의 털 끝 하나 건드리지 못합니다. 야곱의 목을 끌어안고 입을 맞추고 울다가 돌아갑니다.

믿음은 하나님을 체험으로 만나는 것입니다. 자신만 믿고 살던 사람이 하나님의 은혜를 깨닫고 하나님을 믿고 의지하는 사람으로 바뀌는 것입니다.

> 야곱은 홀로 남았더니 어떤 사람이
> 날이 새도록 야곱과 씨름하다가
> ....
> 창세기 32장 24절

바다의 도망자

여호와께서 이미 큰 물고기를 예비하사 요나를 삼키게 하셨으므로
요나가 밤낮 삼 일을 물고기 뱃속에 있으니라
(요나 1장 17절)

24

　　　　　　　1492년까지 스페인이 통치하고 있었던 지브랄탈 해역에는, 라틴어 세 단어로 된 작은 표지판 하나가 세워져 있었답니다. '네플루스 울트라(Nec Plus Ultra)' '이 너머에는 아무것도 없다.'는 뜻입니다.

　당시 사람들은 지구는 평평하여 끝이 있다고 생각했습니다. 그 당시 사람들은 바로 그곳이 지구의 끝이라고 생각하고 의심하지 않았습니다.

　그러나 1492년 이후에 상황이 달라졌습니다. 그곳이 지구의 끝이 아니고 또 다른 세계가 있을 것이라고 확신하고 용감하게 넘어간 사람이 있었습니다. 그 너머에는 참담한 벼랑이 나타나지 않고 신대륙 아메리카가 나타났습니다.

그 후 사람들은 그 표지판을 바꾸었습니다. 사람들이 첫 글자 'Nec'라는 단어를 떼어 내자 '플루스 울트라(Plus Ultra)' '저 건너편에는 많은 것이 있다! 놀라운 것이 있다!'로 바뀌었습니다.

보이는 것만이 전부 같고, 경험하고 이해되는 것만이 전부인 것 같지만 사실은 그렇지 않습니다.
눈에 보이지 않아도 존재하는 것은 존재합니다.
사람들은 죽음이 끝이고 그저 자연으로 돌아간다고 생각합니다. 그러나 죽음은 끝이 아닙니다.

이스라엘 왕국의 요나라는 선지자에게 하나님께서 말씀하십니다.
"너는 큰 성 니느웨로 가서 외쳐라. 그들의 죄악이 내 앞에 이르렀다."
"앗시리아 놈들이 우리 나라를 침략해서 많은 죄를 저질렀는데, 저들을 회개시켜 구원하라고요?"
요나는 니느웨로 가지 않고 반대 쪽 스페인으로 도망가기 위해 배를 탔습니다.
갑자기 바다에 태풍이 일어나서 요나가 탄 배는 파도에 부서지고 있습니다.

"집채 만한 파도가 밀려온다!"

"큰 일 났다!"

사람들은 모두 놀라 배를 가볍게 하려고 무거운 물건을 바다에 던집니다. 화물도 던집니다. 식량도 던집니다. 그래도 물이 배 안으로 차오릅니다.

각자 자기들의 신을 부르면서 살려 달라고 아우성입니다.

그때 배 밑층에서 '드르렁 드르렁' 코 고는 소리가 들립니다.

"아니, 이런 상황에서 누가 늘어지게 자고 있는 거야?"

선장이 화가 나서 쫓아 내려가 요나를 깨웁니다.

"지금 이 상황에 잠이 옵니까? 당신의 신에게 살려달라고 기도하시오."

"어쩌면 우리 중에 죄를 지어서 신의 노여움을 산 사람이 있을지도 몰라요. 제비를 뽑아서 뽑힌 사람을 바다에 던집시다."

그런데 요나가 뽑혔습니다.

"당신은 누구요? 무슨 큰 죄를 지어 신의 노여움을 샀소?"

"나는 바다와 육지를 지으신 하나님을 섬기는 사람인데, 하나님의 얼굴을 피해 도망가는 중입니다."

"어쩌자고 그런 일을 하였소?"

"어서 나를 들어서 바다로 던지세요. 그러면 바다가 잔잔해질 것입니다."

사람들은 배를 구할 다른 방법이 없어서 요나를 성난 바다로 던졌습니다. 그러자 거짓말처럼 폭풍이 멎고 사나운 바다도 잔잔해졌습니다.

요나가 바닷속으로 가라앉는 중에 큰 물고기가 나타나 요나를 삼켰습니다. 요나는 캄캄하고 고약한 냄새가 진동하는 물고기 뱃속에서 기도하기 시작했습니다.

"주 하나님! 내가 고통스러울 때 주님께 기도하면 늘 응답하셨습니다. 말씀을 거역한 저를 용서해 주세요. 살려주시면 시키시는 대로 다 순종하겠습니다."

하나님이 요나의 기도를 들으시고 물고기에게 명령하십니다. 그러자 물고기가 입을 크게 벌려 요나를 육지에 토해 놓습니다.

"요나야! 어서 니느웨 성으로 가서 나의 말을 그들에게 전하여라."

"사십 일이 지나면 니느웨는 무너집니다. 여러분! 하나님이 니느웨를 심판하시겠다고 하십니다. 죄에 빠진 삶에서 당장 돌이키세요."

니느웨 사람들은 요나의 말을 듣고 깜짝 놀랐습니다. 왕으로부터 모든 백성이 간절한 마음으로 죄를 뉘우치고 돌이켰습니다.

하나님께서 니느웨 사람들이 진심으로 참회하는 것을 보고 재앙을 거두셨습니다.

표적을 보여달라는 바리새인들에게 예수님은 말씀하십니다.

> "악하고 음란한 세대가 표적을 구하나 선지자 요나의 표적밖에는 보일 표적이 없느니라. 요나가 밤낮 사흘 동안 큰 물고기 뱃속에 있었던 것 같이 인자도 밤낮 사흘 동안 땅 속에 있으리라." 마태복음 12장 39,40절

요나는 예수님의 부활의 모형을 보여준 것입니다. 요나는 사흘 동안 물고기 뱃속에 있는 동안 소화되지 않고 살아남으로 예수님이 죽음의 세력을 이기고 다시 살아날 것을 미리 보여주었습니다.

믿음은 예수님의 부활하심을 믿고 우리 자신도 예수님 안에서 영원히 부활하게 됨을 믿고 소망하는 것입니다.

여호와께서 이미 큰 물고기를 예비하사
요나를 삼키게 하셨으므로
요나가 밤낮 삼 일을 물고기 뱃속에 있으니라
. . . .
요나 1장 17절

절망의 끝자락

주 여호와께서 이 뼈들에게 이같이 말씀하시기를
내가 생기를 너희에게 들어가게 하리니 너희가 살아나리라
(에스겔 37장 5절)

그룬투비(Nikolas Grundtvig)가 수석으로 신학대학을 졸업하고 목사고시를 치르게 되었습니다. 목사고시의 설교제목이 '덴마크 교회 지도자들이여, 회개하라!' 입니다.

시험관들은 건방지다는 이유로 그룬투비를 멀리 떨어진 외딴 섬으로 발령을 냅니다.

덴마크 교회를 개혁하고 나라를 살리겠다고 기염을 토하던 그룬투비는 조그만 섬에 유배당하다시피 발령 당한 뒤, 시련을 이기지 못하고 신경쇠약에 걸립니다. 잠도 못 자고 헛소리까지 하며 폐인 직전에 이릅니다.

그룬투비는 모든 희망을 잃어버리고 절망하고 낙심합니다. 답답함을 하나님께 호소하려고 무릎을 꿇습니다. 눈물이 멈추지 않습니다. 마음을 쏟아 간절히 기도하는 중에 갑자기 마음이 뜨거워집니다. 하나님을 체험하게 된 것입니다.

그러자 신경쇠약, 불면증이 사라지고 용기가 솟아났습니다.

그 때부터 그룬투비의 설교를 듣는 사람들의 가슴이 뜨거워집니다. 단순히 '하나님을 사랑합시다.' '이웃을 사랑합시다.' '조국 덴마크를 사랑합시다.' 를 외쳤을 뿐인데, 사람들이 변화됩니다.

청년들이 하나님을 사랑하고, 이웃을 사랑하며, 조국을 사랑하는 일에 인생을 걸기 시작합니다. 헌신된 일꾼들이 일어나고, 나라가 새롭게 변화됩니다.

전쟁에 패하여 좋은 땅을 빼앗기고 쓸모 없는 황무지만 남은 덴마크가 세계에서 가장 부유한 선진국이 되었습니다. 기적이 일어났습니다.

지금 덴마크에는 곳곳에 그룬투비 목사의 동상이 있습니다.

에스겔은 제사장 가문에서 태어나 제사장 직무를 준비하고 있었습니다. 그 무렵 조국 유대나라는 망해가고 있었습니다.

유대나라의 수도 예루살렘을 바벨론의 느부갓네살 왕이 포위하고 공격합니다. 결국 유대나라의 여호야긴 왕은 항복하고 왕과 왕족들, 귀족들이 포로가 되어 바벨론으로 끌려갑니다.

에스겔도 가족들과 바벨론에 포로로 끌려가 그발 강 가에 정착을 합니다.

'이 고난이 곧 지나가고 고국에 돌아가 제사장이 되겠지!'

기대는 점점 희미해 집니다. 조국은 완전히 망해 버립니다. 포로 생활에서 구출해줄 군대도, 외교력을 발휘할 정부도 없어졌습니다.

그때 하나님이 에스겔을 선지자로 부르십니다. 하나님이 에스겔에게 환상을 보여주시고 포로생활을 하는 유대 백성들에게 말씀을 전하라 하십니다.

어느 날 하나님이 에스겔을 골짜기로 이끌고 가십니다. 골짜기에는 마른 뼈들만 수없이 있습니다.

"사람아! 이 뼈들이 살아날 수 있겠느냐?"

"주 하나님! 주님께서 아십니다."

"나 주 하나님이 이 뼈들에게 말한다. 내가 너희 속에 생기를 불어넣어, 너희를 다시 살아나게 하겠다."

에스겔은 하나님이 시키시는 대로 그 뼈들을 향해 하나님의 말씀을 대언하였습니다. 그랬더니 마른 뼈들이 요란한 소리를 내면서 붙기 시작합니다. 척추뼈에 골반뼈가 붙고 다리뼈가 붙고 머리뼈도 붙습니다. 모든 뼈가 제자리를 찾아가 붙더니 뼈들 위로 힘줄이 뻗치고 살이 오르고 살갗이 덮입니다.

"너는 생기에게 대언하여라."
"너 생기야! 사방에서부터 불어와서 그들이 살아나게 하여라."
에스겔이 대언하니 생기가 그들 속으로 들어가고, 마른 뼈가 살아나고 일어서서 엄청나게 큰 군대가 됩니다.

"사람아! 이 뼈들은 이스라엘 족속이다. '우리의 희망도 사라지고 우린 망했다.'고 하는데 너희 무덤을 열고 내가 너희를 이끌어 내겠다."

포로생활을 하는 유대인들의 현실은 암울합니다. 멸망한 나라, 흩어진 민족, 힘도 없고, 도와줄 이도 없어서 절망할 수 밖에 없습니다.
하나님은 마른 뼈처럼 절망적으로 보이는 유대인들이 예루살렘으로 곧 돌아가게 되고 무너진 나라를 회복하게 된다는 소망을 주십니다.

불가능하게 여겨지지만 하나님이 친히 회복시키겠다고 약속하십니다.

하나님은 약속하신 대로 페르시아를 일으켜 바벨론을 멸망시키고, 고레스 황제로 하여금 유대인들이 고향으로 돌아가도 좋다는 칙령을 발표하게 하여 멸망한 나라를 회복시킵니다.

하나님은 마른 뼈처럼 죽은 영혼도 살려내서 하늘 군대를 만드십니다.

모든 사람을 구원하기 위하여 오신 예수님이 힘 한번 써보지 못하고 십자가에서 죽습니다. 그분을 따르던 이들이 크게 실망하고 흩어집니다.

그런데 하나님이 삼일 만에 무덤에서 예수님을 살리십니다. 부활하신 예수님을 만난 제자들이 다시 소망을 품습니다.

예수님이 죽음을 이긴 진정한 구세주이심을 확신하고 부활을 전합니다.

Gospel Through Stories

"여러분! 부활의 예수를 믿으면 여러분도 죽음을 이기고 영원히 다시 삽니다."

마른 뼈 같던 제자들이 새롭게 살아나 하늘 군대가 되고 새 시대가 열렸습니다.

믿음은 절망적인 상황에서도 하나님의 약속을 믿고 소망을 품는 것입니다.

주 여호와께서 이 뼈들에게 이같이 말씀하시기를
내가 생기를 너희에게 들어가게 하리니
너희가 살아나리라

· · · ·

에스겔 37장 5절

에·필·로·그

책을 쓰면서 구약 성경에 담겨진 복음을 보물찾기를 하듯 하나하나 찾아내는 큰 기쁨을 맛보았습니다.

복음은 큰 기쁨을 주는 소식입니다. 그리스가 페르시아 침략군을 상대로 마라톤 전투에서 승리하고 각 도시마다 전령을 보내 마라톤 평원을 가로질러 기쁜 소식을 전했습니다.
"우리가 여러분을 위해 싸워서 승리를 거두었소. 이제 여러분은 노예가 아니라 자유인이오."

성경에는 이보다 더 큰 기쁨의 소식으로 가득 차 있습니다. 복음적 관점으로 읽다 보면 누구나 가슴이 부풀어 오르는 감격을 맛보게 됩니다.

내가 무엇을 해야만 하나님께 인정을 받고 영생을 얻는다는 부담스러운 교리가 아니라 하나님께서 나를 위해 다 이루어 놓으셨으니 그 사실을 믿고 거저 주시는 선물을 받아 누리라는 기쁜 소식을 이렇게 이야기 복음으로 독자들에게 전할 수 있어서 행복합니다.

모쪼록 독자들이 이 책을 읽으며 복음의 본질에 더 가까이 다가가고, 복음의 깊이를 이해하며, 복음의 능력을 풍성하게 누리게 되기를 기대합니다.

2021년 봄 꽃이 만발한 날에

(구약에 나타난 복음)

초판 1쇄 발행 2021년 5월 31일

지은이 | 문기태
그린이 | 엄혜숙

발행인 | 이요섭
편집 디자인 | 새한기획
제　작 | 이인애
영　업 | 김승훈, 이대성, 정준용

펴낸곳 | 요단출판사
등　록 | 1973. 8. 23. 제13-10호
주　소 | 07238) 서울특별시 영등포구 국회대로 76길 10
기획문의 | (02) 2643-7390
영업문의 | (02) 2643-7290
　　　　　Fax (02) 2643-1877
구입문의 | 요단기독교서적 교회용품센터 02-593-8715~8
　　　　　대전침례회서관 042-255-5322

ⓒ 요단출판사 2021

값 15,000원

ISBN 978-89-350-1890-1　03230

이 책의 한국어판 저작권은 요단출판사가 소유하고 있습니다.
출판사의 사전 승인 없이 책의 내용이나 표지 등을 복제, 인용할 수 없습니다.